Александр Лих

ЗАГАДКА СТРАННОЙ БОЛЬНИЦЫ

(мистический роман в стихах)

Александр Лих

ЗАГАДКА СТРАННОЙ БОЛЬНИЦЫ

(мистический роман в стихах)

Моей маме – Эрне Эммануиловне Лих – и брату – Сергею Лих – посвящается

Bibliografische Information der Deutschen Nationalbibliothek:
Die Deutsche Nationalbibliothek verzeichnet diese Publikation in der Deutschen Nationalbibliografie; detaillierte bibliografische Daten sind im Internet über http://portal.dnb.de abrufbar.

ISBN 978-3-98527-943-2

Umschlagillustration:
mRGB (shutterstock.com)

www.rediroma-verlag.de
15,95 Euro (D)

ОТ АВТОРА

Дорогие читатели!
Я представляю вам мою новую книгу «Загадка странной больницы». Это мистический роман в стихах.

В этой книге переплетены несколько жанров: мистика, юмор, любовь. Она захватывает вас с самого начала и сопровождает в напряжении до самого конца, заставляя вас задуматься и пытаться самим ответить на ряд вопросов возникающих в романе.

Главной героиней романа является девушка с необычным именем. Она устраивается на работу в психбольницу и сталкивается там с различными странностями. В какое-то время она спрашивает себя: А психбольница ли это?

Желаю вам провести много интересных и захватывающих минут с этим увлекательным романом.

С уважением к Вам

автор книги
Александр Лих

СОДЕРЖАНИЕ:

Глава 1 - Начало

В какой-то деревушке
И где-то далеко,
В маленькой избушке,
Где рядом озерко,

На свет родилась Утя.
Девочка-бутуз.
В доме без уюта
И рос тот карапуз.

Папа звался Пётр,
Природу он любил.
Рыбачил он осётра.
Утей, боготворил.

Любил он очень уток,
Как будто часть себя.
В любое время суток
(и это похвала),

Про уточек он думал,
Их дома содержал.
И что себе удумал?
Он дочь, в их честь, назвал.

Вот так всё оказалось,
Отец такой довольный,
Что доча называлась -
Утею Петровной.

Мама - та доярка,
На ферме целый день.
Внешностью не яркой,
В платочке набекрень.

Ветеринар был папа.
Животных он лечил.
Такого эскулапа
Народ «боготворил».

С животными проблемы?
Зовут к себе Петра.
Его, Петрово, мнение,
Ценилось там всегда.

Достаток в доме малый
И Утя с юных лет
Маме помогала,
Готовила обед.

Кушала не мало,
Её не переесть.
Любила мясо, сало.
Ну в общем всё, что есть.

Выросла большою,
«Кровь там с молоком».
«Ядрёною» такою,
Болтлива языком.

Проста умом и внешне.
Полна? А это есть.
В учении не успешна.
Учение - это «жесть».

Работа всяко-разно,
То есть, а то и нет.
Всё шло «волнообразно»,
Хоть «сто» пиши анкет.

Мужчина был … не очень.
Утя в том честна.
На брак он не «заточен».
Она, жила одна.

Глава 2 - Объявление

Так жизнь и протекала.
Проблемы? Это что?
Не много и не мало,
Не жизнь, а «решето».

И как-то с фермы едя,
Автобус покидая,
Сказав: «Пока», - соседям
И дальше ожидая,

На остановке стоя,
Увидела листок.
Там речь шла о наборе
И рядом - номерок.

Работу предлагали.
Тут надо уточниться.
Ещё раз прочитала:
«Работа в психбольнице».

Уборщицу искали.
Работа целый день.
Детали не додали.
Какой там трудодень?

Утя позвонила.
Ответ был даден ей.
И как-то удивило,
Что много должностей.

Назначили ей время
И день когда прийти.
Вот это «теорема».
Поди её найди.

В город надо ехать
И там её искать.
Но это не помеха,
Сумеет отыскать.

Наряд себе искала.
Каков же будет он?
Дома разыскала
От бабки, балахон.

На телеса такие,
Не прост простой наряд.
Огромные такие,
А сколько там затрат?

Сам балахон шикарный.
Одел и всё покрыл.
Такой неординарный,
Он телеса прикрыл.

Причёску надо сделать,
Чтоб химия была.
Туда цветочек вделать.
Эх, молодость моя … .

И перстни все от бабки
И сумка от «кутюр».
А сумка та не марка,
Ажурна и с гипюр.

То бабкино наследство.
Шестой десяток ей.
Та сумка - как кокетство.
«Сведёт с ума» врачей.

Ну вот, наряд в порядке.
Готов уж он как есть.
Нашла на нём заплатки,
Их много? Ну … не счесть.

Хоть балахон нарядный,
Но дырки есть на нём.
Утя, для порядка,
Нашила что почём:

Зайчиков и уток,
Цветочки, якоря.
Такие прибаутки,
Нашила. И не зря.

Всё выглядит прилично.
Готов наряд такой.
Хоть как-то необычно
И где-то смеховой.

Глава 3 - Психбольница

И вот нашла больницу:
Название и вход.
Она её частицей
Станет скоро. Вот.

Здание старинное,
Железны ворота.
Внешне благочинное
И на вратах звезда.

Но как-то неухоженно.
Мусор, грязь кругом.
Дорожки не исхожены,
Как будто и не дом.

Тишина зловещая
Вокруг его стоит.
Ей что-то там мерещится.
Как кто-то закричит:

«И шо Вы там стоите?
Работа или шо?
Сюдой Вы проходите.
Я сторож. Вам кого?»

Из здания вышел маленький,
Но крепкий мужичок.
Ещё совсем не старенький -
Сторож с «ноготок».

Одет слегка он странно:
Ливрея и чулки.
И что немаловажно,
Глаза, как «мотыльки».

Они всегда в движении,
Их не остановить.
У Ути стало мнение
Немного отступить.

«Пускай, слегка дистанция.
То, лучше для меня.
Что это за «субстанция»?
Здесь будет жизнь моя?»

Сторож к ней всё ближе
И мягко говорит,
Что будет не обижен,
Коль соблаговолит,

Она ему покажет,
Бумаги посмотреть.
Мол, может что подскажет
И в общем, разуметь.

И тут же он добавил,
Врача мол ассистент.
Мол врач его заставил
Проверить тот момент.

Врач Док - он же директор
И тут он основной.
Он к врачу с респектом,
Хороший мол, такой.

Сначала он проверит,
А уж потом сам врач.
И если мол не верит,
Желает ей удач.

Утя, в замешательстве.
Работа-то, нужна.
Слегка на «помешательстве»
И думает она:

«Я дам ему бумаги.
Пусть смотрит, что и как.
Зачем мне передряги?
То в общем так пустяк».

«Сторож-ассистент»
Бумаги посмотрел.
Замер на момент.
Ничего там не узрел.

Сказал: «Я сторож так-то.
Бумаги - с тем к врачу».
- «То было так бестактно,
Его разоблачу».

Подумав так, сказала,
Что хочет всё ж пройти.
«Нет. То было мало.
Рано Вам идти.

Теперь проверить надо,
Как спортивны Вы.
Это - часть обряда.
Ну, надо так. Увы.

Бег на триста метров.
Вот секундомер.
Стартуйте прямо с места.
Произведу замер».

Утя и не знает,
Что теперь сказать.
Мозг не понимает.
А как тут отказать?

… Вдруг, из здания вышел,
Странный мужичок.
Ростом чуть повыше,
На груди свисток.

Лысыватый, полненький,
С бородой, в очках
И явно преисполненный
Решить всё на словах.

И обращаясь к сторожу
Проверку запретил.
«Я здесь всё подытожу, -
И разом пригрозил, -

Вам пациент в палату.
Поигрался? Всё.
Примите препараты.
Закончите «кино».

Пред Утей извинился,
Что получилось так.
То, пациент резвился.
Бывает, как-никак.

Сказал, что доктор местный
И здесь зовётся Док,
А сторож-нелюбезный
И пациент - то Сток.

Глава 4 - Мутя

Врач Утю приглашает,
В приёмную ведёт.
Там на диван сажает.
Она здесь обождёт.

Сидит там секретарша.
Приёмной она «царь».
Ути вроде старше.
Она тут «государь».

Что очень интересно,
Похожие они.
С одного ли «теста»
Были сложжены?

Секретарь и Утя -
Как сёстры-близнецы.
Вот кто набаламутил?
И где искать «концы»?

Сидят напротив, смотрят.
Молчат. А что сказать?
Глаза сейчас просмотрят.
Вдруг ... стали хохотать.

Секретарь сказала,
Что Мутя так она,
И что вообще не знала,
Что есть у ней «сестра».

Мутя в балахоне
И «химия» у ней.
Ну «два в одном флаконе».
Из различишь? Сумей.

Обе полноваты,
Цветочки в волосах
И внешне простоваты,
И схожесть в голосах.

Мутя Уте рада,
Она ж ей как сестра.
Ну просто прям «услада»
И на язык востра.

Но Уте, про работу,
Ни слова, ничего.
В общем, ни на йоту.
… Желала ей всего.

Кофе предложила,
Это, то да сё.
Бумаги изучила
И это было всё.

Глава 5 - Доктор

Утю пригласили
К Доку в кабинет.
Её там поразили
Картины, разных лет.

Рамы все старинные,
В золоте они.
По содержанию дивные,
Хоть так и так смотри.

Лицо в них человека,
Сверху и внизу.
С разницей в «полвека».
Я это так скажу.

Таких картин там много,
С лицами людей.
Все глядят так строго
И нет повеселей.

Лица чем-то схожи
И всё вроде так.
Порой, не так похожи
И взади полумрак.

А на столе у доктора
Зеркало лежит.
Оно как будто проклято.
И Утин взгляд манит.

Там видит отражение
Докторское в нём.
Другое проявление
В зеркале во всём.

Доктор здесь один,
А в зеркале другой.
Он в зеркале блондин,
Тут лыс и с бородой.

Утя онемела.
Не знает, что сказать.
Она от страха села,
Боится закричать.

Доктор начал вкрадчиво
Ей тихо говорить,
Голосом докладчика,
Что хочет предложить,

Работать здесь уборщицей,
Работы тут полно.
И как-то заговорщицки,
Сказал, что тут давно.

Вот договор составил
И Уте показал.
Печать свою поставил
И ей прочесть подал.

Всё было в нём нормально.
Зарплата хороша!
Для Ути «гениально»
(читала не спеша):

Комната, питание,
Одежда, инвентарь.
Но также указание,
Что про гонорар

И то что здесь увидит,
Молчать она должна.
Пусть это не обидит.
И будет жизнь ... «полна».

Утя согласилась.
Всё подходит ей.
И сердце так забилось,
Уже б начать скорей.

Всё мигом подписала.
Так радостна она.
О том всю жизнь мечтала.
Зарплата то – мечта!

Доктор тут добавил,
Что представит ей,
И то - согласно правил -
Коллег всех должностей.

Когда же Утя встала,
Ей бросилось в глаза,
Картиной больше стало
И в ней … она сама.

Глава 6 - Ася

В кабинет заходит
Ну просто – красота.
Утя глаз не сводит,
То девушка - «звезда».

Шикарная блондинка.
Стройна, мила, юна.
Ну просто как с картинки,
Красива так она.

Высокая и нежная.
Зубы - «Голливуд».
Улыбка белоснежная.
Глаза, как «изумруд».

Ноги «топ-модели».
Короче - хороша.
С маленьким портфелем
И внешне так свежа.

Костюм на ней весь белый,
Туфельки блестят.
Цвет кожи: «загорелый».
… И ждёт, что ей велят.

«Ася, это Утя -,
Доктор ей сказал, -
Пожалуйста объясните
Её функционал.

Уборщицей здесь будет.
И дайте всем понять,
Никто пусть с ней не шутит,
Понятно? Выполнять».

- «Да, мой Док. Понятно».
И Утю забрала.
«Как это всё занятно», -
Подумала она.

В кабинет той Аси,
Зашла и там сидит.
«Устроилась. Вот счастье!».
Сидит, вокруг глядит.

Всё в кабинете просто,
Ну в общем, как в бюро.
Одна тут есть загвоздка,
Здесь есть однако - Но.

Огромные картины,
На стене висят.
Двух женщин половины
С картин теперь глядят.

На каждой по две женщины,
Как карты так они.
И что на них существенно,
И как не поверни,

Обе так похожи,
Ну прям, одно лицо.
Одно моложе, строже,
Другое же, старо.

Что помоложе - сверху.
Постарше - та внизу.
А Утя суеверна:
«Что это? Не пойму».

На одной картине
Ася наверху.
А в нижней половине,
Она же, но «в труху».

Ася там старушка,
Но видно, что она.
Уже слегка «дурнушка»,
Но всё же не «страшна».

Секрет здесь есть какой-то.
В чём же только он?
А это что? Постой-ка.
А это кто на нём?

А на столе есть фото.
Там Ася не одна.
Она на теплоходе.
С мужчиною она.

И кто же это с нею?
Тот сторож рядом с ней.
Их Ася не робея,
Убрала скорей.

Глава 7 - Здание

Ася рассказала,
Делать что и как.
План здания показала,
Там комнаты, чердак.

Ещё упомянула,
Какой порядок тут.
При этом подмигнула,
Что это доведут,

К друг другу обращаться
По имени всего.
«Не надо удивляться,
Здесь так заведено.

Имена обычные,
Как например твоё.
Но есть и необычные,
То выдумано всё.

Те имена придуманы,
Защита данных так.
Всё это так задумано.
Порядок, как-никак».

То Утю удивило:
«Ну что ж, раз быть должно.
И Ася убедила.
Раз так ну … всё равно».

Итак, с показа здания
Ася начала.
«Здесь тоже предписания, -
Заметила она.

Есть комнаты доступные,
С замками или без.
А есть и «неприступные»,
Такие тоже есть».

Туда не разрешается
Уте заходить.
Её то не касается.
Должно так, стало быть.

Хоть помещения светлые,
Но всё-таки странны.
Внешне очень бледные
И как бы так малы.

Построены отсеками.
Один, потом другой.
Маленькими штреками.
«Как странно. Боже мой».

Утя так подумала,
Но вид не подала.
«Наверно, так задумано,
Ну вот так и дела».

В отсеках пару комнат,
А общая одна.
И коридор отромный,
Где с двух сторон - стена.

Отсутствуют там окна,
Там просто окон нет,
Со стен торчат волокна,
На стенах же «дуэт».

На них висят картины,
Опять по два лица.
Картины - половины
И нету им ... конца.

Глава 8 - Комната

А вот и Ути комната,
Туда они зашли.
Небольшая, скромная.
Неубрана, в пыли.

Окно одно имеется,
В сад оно ведёт.
Утя, разумеется,
Порядок наведёт.

И окно помоет,
И пыль везде протрёт.
Пятна все замоет
И всё тут подотрёт.

Ася наказала,
Как себя вести.
Успехов пожелала,
Хотела уж идти.

Немного задержалась
И вдруг произнесла,
Чтоб Утя занималась,
Лишь тем, чем здесь нужна.

Уборка помещений
И больше ничего.
Других здесь нету мнений
И это, вроде всё.

Еще она заметила,
Что если что не так,
(немного рассекретила),
Чтоб не попасть впросак:

«С больными надо строже
И много не болтать.
То было бы негоже
С ними рассуждать.

Помыла, попрощалась
И сразу уходить.
Чтоб с ними не общалась,
Тут нечего мудрить.

Коль странность вот какая,
Крики или что.
То это … жизнь людская
И это - есть ничто.

Спокойствие храните,
Нормально это так.
Коль что, так сообщите.
Больница как-никак.

Спокойно спите ночью.
Такой я дам совет.
Хоть всё порвётся «в клочья».
Вставать, причины нет».

Глава 9 - Кадр

Утю пригласили
В кадровый отдел.
Там ей чай налили,
Начальник рядом сел.

Сказал, зовётся: «Кадр».
То имя здесь его.
Он мол, не психиатр,
А кадры - это всё.

Обсудил зарплату,
Что, сколько и когда.
Она не маловата,
То Утина мечта.

Прошли по договору,
Все пункты, что и как.
Про это в разговоре,
Он сделал дальше «шаг».

«Здесь это не написано,
Но так-то может быть,
Что будет Вам предписано,
И чтобы не забыть,

Работать дополнительно,
Ну редко, иногда.
Оно так незначительно.
Не стоит и труда.

Надо это будет
Или может нет.
Док, то всё обсудит
И скажет Вам ответ.

За эту допработу
Вам будет гонорар.
Хорошую банкноту
Получите Вы в дар.

Какая же работа?
Узнаете потом.
А сейчас скажу всего-то:
Пожалуйте к нам в дом.

Небольшие странности
Ожидают здесь.
Но и жизни радости
Тоже так-то есть.

Коллектив хороший,
Сплочённый, боевой.
Нету здесь дебошей
В больнице городской.

Больным, Вы им не верьте.
Любят поболтать.
То психи так, поверьте.
Вам надо это знать.

Историй у них много,
Их всех не сосчитать.
Для них одна дорога:
Забыть, не доверять».

Во время разговора
Учуяла ж она,
Запах алкоголя,
От Кадра исходя.

… Опять же там картина
Висела на стене.
Мужчин, две половины,
Смотрели в тишине.

Глава 10 – Третий отсек

Ну вот и все формальности.
Сегодня первый день.
У Ути столько радости,
«Цветёт» ну как сирень.

Работать она будет,
Узнает всех коллег.
Тот день не позабудет.
Какой у ней отсек?

Ей двух коллег представили
С отсека номер три.
Им время предоставили.
Все радостны они.

Куратор - это Вау.
А Кара - медсестра.
Вау - «супер-фрау»
И Кара хороша.

Вау - как гром-баба,
Огромна и толста.
Курит, и не слабо,
Но видно непроста.

Всё спрашивает только,
А о себе молчит.
И нескромна нисколько.
Расспросит, помолчит.

Кара - тож толстушка,
Смеётся невпопад.
Она такая душка,
У ней смешной наряд.

Платье всё в «горошек»,
Штанишки-лепесток.
У ней коротки ножки
И нет на них носок.

Втроём они солидны,
Полны - как это есть.
Издалека так видны
И любят все поесть.

Каждая по сумке
С собою принесла.
Мясо там и булки.
Такие вот дела.

Утю пригласили,
К ним за общий стол.
На стол всё навалили.
Шикарный хлебосол.

Вау громко чавкает
И Каре то смешно.
А Вау за добавкою,
На Кару всё равно.

Утя их спросила,
Как нравится им тут.
Хоть обе были милы,
Вопрос для них как «кнут».

Разом замолчали.
Ответ никто не дал.
«Давай поешь сначала», -
Как кто-то вдруг сказал.

Утя повернулась,
Сторож там стоит.
«Ну что? Повеселилась?
А я ещё не сыт».

Он подошёл спокойно
И бутербродик взял.
«Ну, Вау. Всё, довольно.
Поела? На вокзал».

Глава 11 - Сток

Вау удалилась.
И тишина стоит.
Кара спохватилась
И тихо говорит:

«Пора мне на работу.
Увидимся потом».
Ну а Утя с «лёту»,
Сказала напролом:

«Сторож, что за шутки
Тогда со мной шутил?
Что за прибаутки?
Или ты забыл?

Думаешь, я новая,
Решил ты пошутить.
Я в общем не бредовая,
Могу и отомстить».

Сторож тут опешил,
Растерянный стоит.
«А кто тут не безгрешен?» -
Он Уте говорит.

Подошёл поближе
И вдруг … поцеловал.
«Так ты совсем бесстыжий.
Так ты ещё, нахал».

Сказала Утя громко.
Пощёчину дала.
«Ты страстная девчёнка.
И нравишься мне, да».

Ответил сторож Уте.
За зад её схватил.
«Тебе конец наступит.
Ведь ты ещё дебил».

Сказала ему Утя
И кулаком в лицо.
«Меня не обессудь ты,
То участь наглецов».

Набросилась на сторожа
И бить со всех сторон.
Упал он как подкошенный.
Кричит от боли он.

Доктор, Ася, Кара.
Примчались все на крик.
А Уте как бы мало.
«Так ты ещё блудник», -

Кричала многократно
Сверху придавив,
Наотмашь троекратно
Удары завершив.

Трое к Уте бросились
И тянут прочь её.
Утя успокоилась.
«Ну что за мужичьё?

Короче сторож, ладно,
Ты получил в ответ.
Ну, что упал, досадно.
Претензий ко мне нет?»

Сторож «отрезвевший»
Сказал: «Всё хорошо».
Встал он обалдевший
И к себе пошёл.

Утя как кокетка
Вдогонку же кричит:
«Возьми с собой котлетку,
Может … будешь сыт».

Доктор сказал Уте:
«Идите отдыхать.
Ко мне потом прибудьте,
Всё будем обсуждать».

Ушли они все вместе,
А Кара с ней стоит.
И на этом месте
Уте говорит:

«Утя, ты не знала?
Ведь это сторож Сток», -
А Утя отвечала, -
«Да мне хоть водосток».

… Прошёл так день, так первый.
Эмоций - «миллион».
Он не для слабонервных,
Прошёл, как будто «сон».

Глава 12 – Разговор у Дока

Утя ночь не спáла,
В переживаниях вся.
Пару раз вставала,
Во всём себя коря.

Под утро лишь заснула,
Впадая в крепкий сон.
Пару раз всплакнула
И слышит ... вроде стон.

В коридоре что-то.
Стонет кто-то там.
«Не моя забота.
Доверюсь я словам,

Ведь Ася же сказала,
Не надо обращать.
Она ж предупреждала».
… И слышит стон опять.

Когда она проснулась,
Было уж светло.
Так сладко потянулась.
«Ну, как же хорошо.

День настал вот новый.
Дам объяснение я.
Какой же Сток дерьмовый.
А может он шутя?»

Себя так успокоила,
Оделась и пошла.
Но себе усвоила,
Врага так, обрела.

Решила извиниться
И с ним поговорить.
Он непростая «птица».
Не надо тут мудрить.

Вспомнила про фото,
Где Ася вместе с ним.
«Есть у ней с ним что-то.
Ну, ладно. Поглядим».

… И вот она в приёмной
У доктора сидит.
Настроение стрёмное.
На Мутю там глядит.

Мутя улыбнулась
И кофе подала.
Её рукой коснулась:
«Ну как дела, «сестра»?

Не отвечай, не надо.
Я знаю прецедент.
Тебе понять так надо,
Что он же пациент.

Ты же в психбольнице,
А он такой больной.
Помни то «сестрица»,
А Сток простой, не злой».

... И вот она у Дока,
Он смотрит не неё.
«Петровна, ты дурёха.
Что это было? Что?

Ты несоразмерно
Ударила его.
Ну, может быть, наверное
Было и за что.

Давай договоримся,
Что то - в последний раз.
Он может разозлиться
И может в суд подаст.

Больные это люди,
То надо понимать.
Ты больше так не будешь
Силу проявлять.

Но, что сказать имею,
Тобой был восхищён.
Так сразу, не робея,
Один, другой приём.

Таких у нас здесь нету.
Есть сила у тебя.
Скажу я по секрету,
Работа … ждёт тебя».

Глава 13 - Зеркало

Рабочий день сегодня,
То Утин - второй день.
Проснулась так охотно
И ей вставать не лень.

Прекрасна спецодежда.
На Утю подошла.
И в ней живёт надежда,
Что всё. Не будет зла.

В зеркало всмотрелась,
Шикарна как она.
Утя аж зарделась,
Ну как же хороша.

И вдруг… движение в зеркале
И видит в нём она -
Своё изображение.
Но в нём … слегка стара.

Из зеркала, оттуда,
Ути две глядят.
Как двойное чудо
Они глядят, молчат.

Утя пошатнулась
И сразу шаг назад.
Она аж ужаснулась:
«Что это? Маскарад?»

Зеркало вновь чисто
Там нету ничего.
И Утя так басисто
Крикнула: «Ты кто?»

Тут стук она услышала,
В двери ей стучат.
Через дверь расслышала
Голоса девчат.

Дверь она открыла.
Кара там стоит.
«Работать не забыла?» -
С улыбкой говорит.

Утя пригласила
Её к себе скорей
И Каре заявила:
«Мне страшно, хоть убей.

Я в зеркале сейчас видела
Двойную аж себя.
Не знаю, мож предвиделось,
Но вроде … это я.

Одна - то я, обычная.
Вторая - чуть стара.
Такая необычная,
Как старшая сестра.

Кара ей ответила,
Что странности тут есть
И ещё отметила,
Что это не невесть.

Случается такое
И с нею иногда:
«Но это … возрастное,
В наши-то года».

Пошли работать обе
И Утя за полы.
Прибрáла в гардеробах.
Больные к ней милы.

Глава 14 - Кара

Вот перерыв обеденный,
Вдвоём они сидят.
Все бутерброды съедены
О жизни говорят.

Утя давай спрашивать
У Кары про неё,
Обо всем расспрашивать:
Дела как? Что, кого?

Кара рассказала,
Что сорок лет уже.
Что вроде и не мало.
А что же в багаже?

Кара одинока,
Разведена давно.
А жизнь так однобока.
Работа - это всё!

Квартира в ипотеке.
Друзей особо нет.
Любит чебуреки,
Готовит винегрет.

На море ездит в отпуск,
В основном одна.
Море - жизни «проблеск».
Такие вот дела.

У Кары есть собака,
Зовут её Мишéль.
Добрая дворняга.
То сучка, не кобель.

Про больных сказала:
«Их четверо у нас».
Про них всё рассказала
И назвала тотчас.

«Женщин здесь четыре,
В отсеке номер три.
Они все в общем милы.
Сама ты, посмотри.

Я, как медсестра,
Даю лекарства им.
Бывает иногда
Сидим и говорим».

Про картины хочет
Утя тоже знать.
Как Кара вдруг … отскочит.
«Не буду отвечать.

Ты про это лучше
У доктора спроси.
А то мне будет хуже.
Ты … меня пойми».

Глава 15 - Вау

Вау появилась.
Тоже здесь опять.
В работу погрузилась,
Мол некогда болтать.

Только лишь под вечер
К Уте подошла
И властно, как «диспетчер»,
Спросила: «Как дела?»

Утя ей про швабру,
Про свой функционал.
Но и спросила храбро:
«Как Вау там, вокзал?»

Про вокзал ответ,
Ей Вау не дала.
«То, маленький секрет.
То, не твои дела».

Про себя сказала,
Что здесь уже давно.
Куратором вот стала
И это, не стран́но.

Работает как «лошадь»,
Почти без выходных.
Деньжат так приумножит,
Денёчков отпускных.

Живёт одна, бездетна.
Семьи и мужа нет.
Зато живёт безбедно,
А здесь - авторитет.

Сказала кто больные
И как их всех зовут.
Мол, разные такие.
Работать с ними - труд.

Утя ей про зеркало,
Про стоны по ночам.
Вау … враз «померкла».
«С вопросами, к врачам.

Иди ты с этим к Доку.
Его сама спроси.
Не бей его, как Стока,
А тихо расспроси».

Вау посмеялась
Над шуткой над своей.
Потом слегка замялась
И стала … вдруг властней.

Грубо так сказала,
Скромнее Уте быть.
Ведь это - лишь начало.
Ей мыть здесь, не «мудрить».

Глава 16 - Мода

А кто больные эти?
Узнаем всё сейчас.
Их четверо в отсеке.
О них пойдёт рассказ.

Живут они раздельно,
Есть комната своя.
Все держатся отдельно,
Как будто «не семья».

Одна зовётся Мода.
Не так чтобы стара.
В любое время года
Одета, «на ура».

Одежда, как с картинки.
Ну просто - высший класс.
Шикарная блондинка.
У ней на моду глаз.

Однако беспорядок
В комнате её.
Мода и порядок,
То - не про неё.

Уте она рада
И ждёт её всегда.
Она её отрада.
Ведь Утя - доброта!

Утя вот заходит
И Мода сразу к ней.
К шкафам ёе подводит:
«Ты посмотри скорей.

Какие ношу платья,
Блузки и костюм.
Цепочки на запястья.
А это - мой парфюм!

Все запахи весенние,
Те запахи любви.
Шикарно-обалденные.
Ну, Утя. Ну, нюхни».

Уте делать нечего,
Нюхает духи.
Она ей не перечет.
Вдруг громко так: «Апчхи».

Мода посмотрела
На флакончик тот
И сразу обомлела.
Его назад берёт.

«Я, Утя, перепутала.
Это – нашатырь.
Вот старая, всё спутала.
Давай назад пузырь».

Смеётся Мода громко.
«Смотри-ка, неплохи.
Но, милая девчёнка.
То, не твои духи».

Уте плохо стало,
Чихает невпопад.
А Мода тут достала
Шкатулку для помад.

«Утя, тут помады.
Подарок от меня.
Попробуй, будешь рада.
Помада, ждёт тебя».

<u>Глава 17 – Уверенность Моды</u>

Помада была разная,
Всех радуги цветов.
И вся разнообразная,
И в несколько рядов.

Такой она не видела
Раньше никогда.
Моду не обидела,
Подарок тот взяла.

Утя расспросила,
Где их берёт она.
В ответ же получила:
«Я так-то не бедна.

Богатая я очень
И всё имею я.
Но, век мой одиночен
И я … совсем одна.

Бизнесом владею,
Фабриками мод.
Я это всё имею,
Но жить мне не даёт,

Что старость вот подходит,
Старее с каждым днём.
И мысли во мне «бродят»:
Состарюсь. Что потом?

Но я тебя заверю,
Что молодость придёт.
Я тут, я в это верю,
Что то - произойдёт!

Лечусь в больнице этой
И чувствую уже,
Что рядом она где-то,
Что молодость во мне.

Смотри, вот тут картина
На стене висит.
Там женщин половины.
Что это говорит?

Одна - то я, то старая.
Вторая - тоже я.
Такая вот я парная.
Я буду - молода!»

Утя тут подумала,
У Моды - это бзик.
Немного пораздумала,
Спросила напрямик:

«А ты вот в это веришь
Года вернуть опять?
Ну или лицемеришь?
Как это понимать?»

- «Конечно, - отвечала
Мода на вопрос, -
Лечение доказало,
Что будет симбиоз.

Молодость приходит,
А старость-то, назад.
И это происходит,
И доктор тому рад.

Себя помолодевшей,
Я вижу каждый день.
Когда я посмотревши
Там вижу свою тень.

Такое вот бывает,
Как в зеркало гляжусь.
Вторая возникает.
То я - и я горжусь!

Хорошая больница,
Молодость даёт.
Она - не психбольница.
Кто скажет это - врёт».

Глава 18 - Канна

Утя идёт к Ка́нне,
Чтоб убрать у ней.
Канна сидит в ванной.
Грязь из-под ногтей.

Исподлобья смотрит,
Мурлыкает она.
Сейчас «дырку» в ней просмотрит.
Молчит, напряжена.

Утя убирает,
Хоть страшно как-то ей.
А сердце замирает,
Уже уйти б скорей.

Вдруг, Канна улыбнулась
И с Утей говорит.
Как кошка потянулась
И … громко закричит:

«Не шуми, не в парке.
Всех разбудишь тут.
У нас здесь в зоопарке
Вмиг тебя сожрут.

Кто ты вообще, родная?
Поесть-то принесла?
Ты толстая такая,
Аж жиром заплыла.

Сальцо ты ешь наверное?
Мясо и манты.
Это ж достоверно,
Вон … лопнули штаны.

Ну, это и понятно,
Твой зад то «будь здоров».
Мне это, неприятно,
Хотя, для комаров,

Есть радость приземления,
На зад толстущий твой.
Для них то - вожделение.
Твой зад - как «водопой».

Небось гурьбой садятся
И с зада кровь сосут.
Там есть им чем заняться,
Туда-сюда снуют».

… Вдруг «переключилась»,
К Уте подошла.
«Когтями» аж вцепилась:
«Как рада, что пришла.

Я здесь - кошка Канна.
Зоопарк - мой дом.
А раньше была Анна.
А тут не дом - дурдом.

Картину мою видела?
Над ковриком она.
И что ты в ней увидела?
Поверь мне - это я».

Утя на картину
Смотрит, видит вот,
На ней две половины
... Аж оторопь берет.

Сверху - это Канна.
А что же снизу? Ой.
Это Канна – Анна.
С кошачьей головой.

Канна обращается
К Уте, говорит,
Что пусть мол угощается,
Достал тот общепит.

Подаёт тарелочку.
Мышь лежит на ней.
«Или хочешь белочку?
Давай, решай скорей».

Утя к двери задом
И быстрей бежать.
Выскочила. Рада.
Бежит. Не обогнать.

Глава 19 - Доза

Утя успокоилась
И далее пошла.
Даже не расстроилась,
Ведь знала, на что шла.

Кто далее по счёту?
Чья комната теперь?
Туда заходит с лёту
Не постучавши в дверь.

Дозы - это комната.
Там живёт она.
Доза очень скромная.
«Спасибо, что пришла», -

Уте так сказала.
Улыбка, «до ушей».
Она давно желала
Услышать новостей.

«Что там на «свободе»?
И что произошло?»
Спокойна она … вроде.
До Ути так, дошло.

Утя рассказала,
Что новая она.
Но, в основном молчала
И к ней была скромна.

Доза сообщила,
Что здесь, как взаперти.
А было б очень мило
Куда-нибудь пойти.

Но правила такие,
Что выхода тут нет.
Все странные такие.
Но есть, двойной портрет.

Там Доза возрастная
И молодости цель.
В ней милая такая,
А станет топ-модель.

И Уте показала
Картину у окна.
В ней сверху молодая
И снизу … где стара.

Она здесь на лечении
И молодеет так.
На тех изображениях
То видно … как-никак.

Родственников нету,
Она совсем одна.
Сказала по секрету,
Богатая она.

Алкогольный бизнес -
Вот её стезя.
«Ну что, Утя? Спрыснем?
Ты милая моя».

Достаёт из шкафа
Бутылку коньяка:
«За то, не будет штрафа.
Давай-ка, за меня».

По одной налили,
Потом и по второй.
Колой всё запили.
Поплакали, домой.

Глава 20 – Окно в комнате

И вот слегка шатаясь
К себе она бредёт.
Мыслями терзаясь:
Никто не засекёт?

Дошла она удачно,
Никто и не узнал.
Решила однозначно,
Инстинкт возобладал,

Что больше пить не надо.
Негоже как-никак.
Ведь пьянство - то чревато.
Уволить могут так.

В комнате разделась,
К окошку подошла.
В него она всмотрелась
И … крик вдруг издала.

В окне, в отображении,
Вот снова и опять,
Странное явление
И то ей не понять.

Рядом видит снова,
Ещё одну себя.
Постарше (что не ново).
«Неужто это я?»

Утя оглянулась.
В комнате одна.
Себе так улыбнулась:
«Вот это я пьяна».

В окошко посмотрела.
Две Ути там опять.
Стекло … вдруг потускнело.
Вторую, не видать.

«Исчезла, испарилась,
Пропала иль ушла?
То может мне приснилось?
Ну ладно, спать пошла».

Легла она, заснула,
Как «паровоз» храпит.
С кровати соскользнула
И на полу лежит.

Встала, потянулась
И снова на постель.
Вдруг, что-то содрогнулось
И слышит … лязг петель.

Как будто пол качнулся.
Металла скрежет, стук.
Пол вдруг шевельнулся
И … пропал тот звук.

Всё спокойно, тихо
И сон опять пришёл.
«Какая я трусиха.
То дождь поди пошёл».

Глава 21 - Ига

И утро вот настало.
Солнышко, светло.
Лучами заиграло.
Всё значит - хорошо!

К Иге убираться
Она теперь идёт.
Не надо колебаться,
За швабру и … вперёд.

Заходит Утя к Иге.
И что же видит там?
Вот это так интрига.
Стройна, не по годам.

Хотя в годах, конечно,
Но смотрит за собой.
Одета безупречно,
Блистает красотой.

И Ига, вдруг, реально,
Встала и поёт.
Поёт она печально,
Что сердце аж «зажмёт».

Утя и забыла,
Зачем сюда пришла.
Стоит и «рот открыла».
Ну вот так и дела.

Ига спела песню:
«Несчастная любовь».
И стоя так на месте
Запела песню вновь.

Опять всё та же песня,
Другие чуть слова.
Та песня про невесту,
Про платье, кружева.

Утя убирает,
А Ига всё поёт.
Уборке не мешает,
Поёт аж напролёт.

Спела и спросила:
«Аплодисменты, где?»
Утя рассудила
Не надо быть вражде,

Затем стоит и хлопает,
И «Браво», - ей кричит,
И ногами топает.
«Прекрасно», - говорит.

Ига рассказала,
Что здесь мол на турне.
Она «звезда вокала»
И счастлива вполне.

За это выступление,
Громадный гонорар,
Она без сожаления
Даёт больнице в дар.

Ещё она сказала,
Что любят её здесь.
Картину показала,
Что там она как есть.

К тому, что там двойная,
Пояснила так:
«Одна - я там простая.
Вторая - песни маг».

Глава 22 - Ротация

Утя отработала
И далее идёт.
Легка и беззаботна.
Движение - вперёд!

Идёт по коридору.
Бросается в глаза,
Как будто что-то ново.
Другая что ль стена?

На ней и раньше не было,
Ни окон, ни дверей.
Теперь она заметила,
Стена-то, потемней.

То ли краски новые
Там нанесены.
Длиной, многометровые,
Хоть так и так смотри.

… Навстречу идёт Ася,
И на Утю взор:
«Ты милая, прекрасна.
К тебе есть разговор.

Как тебе работа?
Довольна или как?
Что сказала Мода?
У Дозы как … коньяк?

Они больные в общем.
Порой их не понять.
Тебе скажу я проще,
Не надо, выпивать.

Ты на работе всё же.
Здесь то, запрещено.
То было бы негоже.
И нам … не всё равно.

Однако, то забудем.
Не станем выяснять.
Просить тебя мы будем,
Нам тоже помогать.

В отсеке сейчас ты в третьем.
У нас отсеков пять.
Тебе я рассекречу
И поясню опять,

Ротация бывает,
Уборщиц иногда.
Потребность возникает.
Но это, не всегда.

Ты будешь убираться
В других отсеках тоже.
Не надо то пугаться,
Ведь там работа схоже.

Тебя мы направляем
В отсек номер один.
Тебе мы доверяем.
Отсек тот - для мужчин».

Глава 23 – Тук

В отсеке Утя первом.
Опять всё в первый раз.
С коллег её, наверное,
Начнём мы наш рассказ.

Их трое здесь всё также:
Куратор, медсестра.
А вот уборщик, надо же,
Мужчина. Вот те на.

Куратор - тож мужчина,
Молотом зовут.
Уборщик (ой, как мило)
Зовётся просто - Тук.

Медсестра здесь Лата,
Сколь лет ей не понять.
Немного странновата,
А так - ни дать, ни взять.

Встретили прекрасно,
Тортик на столе.
Уте было ясно
Ей были рады все.

Ротация - не ново
И это часто здесь.
То дело пустяково.
Ну это так, как есть.

Тук - мужчина робкий
И скромный по всему,
Дал бумаг он стопку.
Поведал что к чему.

В бумагах указания,
Уборка где и как.
В них комнат описания.
Порядок. Это так.

Передал все тряпки,
Вёдра, материал.
Швабр аж охапку
Уте тоже дал.

Идёт в отсек он третий,
Замена Уте он.
Не видит в том трагедий
И как-то … облегчён.

Доложил он Уте
Про всех больных, коллег.
Его не обессудьте,
Он в сплетнях был стратег.

Высмеял он Лату.
Забывчива она.
Порой свою зарплату
Забывает. Да.

Молот - «деревянный»,
Мол очень он «тупой».
Вообще какой-то странный.
А Тук - он был «герой».

Хвалил себя так долго
Всё время, всякий раз.
И Ася - балаболка -
Ему мол «не указ».

Пойдёт в отсек он третий,
То значит - «лучший» он.
Ему мол в том поверьте.
Короче ... пустозвон.

Глава 24 - Лата

С Туком попрощались.
Слышан туфель стук.
Все заулыбались.
До свидания, Тук.

Слегка руки касаясь:
«Я забыла тут.
Я дико извиняюсь.
Как тебя зовут? -

Спросила Лата Утю
И смотрит ей в глаза, -
Меня не обессудь ты,
Забывчивая я.

Коллег здесь очень много.
Попробуй вспомни всех».
Вот так сказала строго.
И тут же … слышен смех.

Лата так смеётся.
Звонко, с «огоньком».
От смеха аж трясётся.
«Ну что? Ко мне пойдём?»

В комнате у Латы
Огромнейший бардак.
И … что странновато,
Лежит там лапсердак.

Кафтан какой-то старый.
Красно-белый он.
Размером он не малый,
Не Латы он фасон.

Лата поясняет,
Что то на Новый год.
Тогда мол одевает:
«Дед Мороз идёт».

Лата извинилась
За беспорядок свой.
Как будто провинилась,
Хотя … ей не впервой.

У ней всегда такое.
Порядок - не её.
То ль это возрастное?
Кругом лежит бельё.

Единственно, что в норме -
Картина у окна.
Там Лата в лучшей форме
И в ней … она двойна.

Про Тука рассказала,
Что сплетником он был.
Болтал, да и немало.
Её он не любил.

Рассказывал всем вечно:
«Забывчива она».
Неверно то, конечно.
Не так она стара.

Утя попрощалась,
Хочет уходить.
Тут Лата засмущалась
И хочет вот спросить:

«Зовут тебя как, милая?
Забыла ты сказать.
Наверное, Людмилою?
Тебя как называть?»

Услышав имя - Утя,
Задумалась она.
И себя принудя,
Сказала раза два.

Глава 25 - Молот

Молот Утю встретил
И её спросил,
Всё ли так на месте
И хватает ль сил?

О себе сказал он,
Работает давно.
Что сам - не эталон.
Ошибки всё равно.

Но надо так стремиться
Ошибки исправлять.
Здесь всё-таки больница
И могут не понять.

Говорил он медленно,
Задумчивый такой.
Но говорил уверенно,
Какой-то уставной.

Порядку дело знает,
Это здесь во всём.
Коллегам доверяет,
Работой увлечён.

Хвалил он долго Лату.
Мол, добрая она,
И что любую дату
Празднует всегда.

Коллег всех поздравляет.
Подарки и торты.
Но имя забывает.
«То, Утя, ты учти.

Странностей в том нету,
Такой вот человек.
Скажу я по секрету.
Она как друг - навек.

Поможет, если надо.
Последнее отдаст.
Немножко «угловата».
Но точно - не предаст.

А сам я одинокий,
Так не завёл семью.
Умом я «недалёкий»,
Скажу напрямоту».

Когда пошёл он в комнату,
Заметила она,
Картина в ней огромная
И Молота ... в ней два».

Глава 26 - Фут

Вот Утя на уборку
К Футу собралась.
Там наведёт приборку.
Зашла, пред тем стучась.

Маленький мужчина,
Лысоват слегка.
У него картина.
Там видно Футов два.

Телевизор включен
И в нём идет футбол.
Фут сидит и скучен.
Как вдруг … забили гол.

И Фут тут от восторга
Вскочил и заорал.
Тот гол он ждал так долго.
«Ура», - аж прокричал.

От радости он скачет.
Прям к Уте и … обнял.
«Забили гол. Удача».
И вдруг … поцеловал.

Утя обомлела.
Ведро упало вниз.
Собою овладела.
«Уборка тут. Очнись.

Я буду убираться.
Не надо целовать.
Да и меня касаться
Прошу не позволять.

Тебе я не такая.
Ну-к, ручки убери.
Я женщина простая.
Хочешь в глаз? Лови».

И Утя прямо с лёту
Пощёчину даёт
Футу с разворота.
Упал он. Не встаёт.

«Я требую пенальти», -
Придя в себя сказал.
- «Вы мне позубоскальте».
Удар и наповал.

Фут встал и заикаясь,
Мямлит про себя:
«Я очень извиняюсь,
Ты милая моя».

- «Милым остаётся,
Тебе родной футбол.
А если раз коснёшься,
То будет в корпус - «гол».

И Утя показала
Ему большой кулак.
И Футу ясно стало,
Кулак - то боли знак.

Немного успокоившись,
Сказал, известен он.
Нисколько не расстроившись
Признал, что побеждён.

На шум сбежались разом
Молот, Лата. Все.
«Фут не был ловеласом
Мы говорим тебе».

А Фут сказал: «Случайно.
Скользко. Сам упал.
Она ж необычайна».
Закончили скандал.

Глава 27 – История Фута

Лата пришла к Уте,
Про Фута говорит:
«Его не обессудь ты,
Он часто так кричит.

Футболом просто бредит.
Футбол - то жизнь его.
Он всё никак не «въедет»,
Что эта жизнь … того.

Известным футболистом,
Фут когда-то был.
Но не был скандалистом,
А спорт всегда любил.

Богатый он так очень
И на лечении здесь.
Помолодеть он хочет.
Скажу тебе, как есть.

На этом вожделении,
Проблемы с головой.
Вот так, что к сожалению.
Иди уж, пол помой».

Утя снова к Футу
И видит … плачет он.
«Мой милый, то забуду.
Пускай пройдёт как сон.

Иди ко мне хороший,
Тебе скажу вот я,
А в общем, ты пригожий.
Ну, поцелуй меня.

Но только разик, в щёчку,
А то получишь «гол».
Ведь я тебе как дочка.
Валяй, про свой футбол».

И Фут воспрянул сразу,
Аж «помоложе» стал.
И Утю он, «заразу»,
В щеку поцеловал.

Извинялся снова,
В «сто тридцать пятый раз».
Утя уж пунцова,
Слеза скатилась с глаз.

Обняла тут Фута:
«Хороший Футик ты.
А я - такая дура.
Меня уж, извини».

Фут тут ей поведал,
Про молодость-мечту.
Богат мол. Где-то вреден.
Сказал начистоту.

И про футбол рассказывал.
Так долго. Гордым был.
Фото он показывал,
Где лучший гол забил.

Сказал, не понимает,
Что думают - он псих.
Но всех в душе прощает.
Сказал так и затих.

Глава 28 - Банк

К Банку пришла Утя,
Он следующий больной.
У него простуда,
Поникший он такой.

Банк - мужик солидный,
Полный и в очках.
Внешне очень видный.
Поднялся впопыхах.

Он её приветствует,
На Вы с ней говорит.
С Утей не кокетствует,
Что убирать, велит.

Задач наставил много.
Тех дел невпроворот.
Сказал, он ей подмога
И ручку подаёт.

Он Уте помогает,
Меняет воду сам.
Он в этом понимает,
За Утей по следам.

Ей тряпки выжимает
И швабру тож схватил.
Вот Утя отдыхает,
А он … полы помыл.

Сказал, владеет банком,
Что значит он банкир.
Доллары и франки,
Вот это - его мир.

Он сам здесь на лечении,
Моложе хочет стать.
Имеет то значение,
Чтоб банком управлять.

У него картина,
Он там такой как есть.
Вторая половина,
Где молод, тоже здесь.

В уборке разбирается
И это видно так.
Всё делает, старается.
В уборке - он мастак.

Когда был помоложе,
И в общем бедным был,
Он убирался тоже
И то, не позабыл.

Уборщика работа,
Известная ему.
Грязь, кругом мокрóта.
Он знает, что к чему.

Родных он не имеет,
Живёт совсем один.
О том не сожалеет,
Себе он господин.

Утя попрощалась.
Всё убрано. Финал.
А Банк, слегка смущаясь,
Вдруг чаевые дал.

За руку взял он Утю,
Сразил тем наповал,
Что целую минуту,
Ей ручку целовал.

Глава 29 - Комп

К Ко́мпу убираться,
Она теперь идёт.
Комп сидит в прострации
И даже не поймёт.

Утя, кто такая?
Зачем к нему пришла?
Шикарно-молодая.
Ну, для чего зашла?

Компьютерная техника,
Он супер-мастер в ней.
Вам это не сантехника,
В ней нет его «святей».

Сидит перед компьютером,
Безотрывно глядит.
И с видом очень умственным,
В нём что-то шурудит.

Болтает сам с собою,
А с Утей ни гу-гу.
Та пылесосит, моет.
Что у него в мозгу?

Вот всё убра́ла Утя,
Остался Компа стол.
Он всё сидит, как будто
Не видит Ути он.

Утя попросила
В сторонку отойти,
Чтоб там она помыла,
Другого нет «пути».

Комп её не слышит,
В компьютер погружён.
И Утя … так уж вышло,
Полезла на «рожон».

Она подняла кресло
С Компом (вот те раз)
И на другое место
Поставила в тотчас.

Поставила к картине.
И он пред ней сидит,
Там Компа половина,
На него глядит.

А Комп то не заметил,
Сидит перед «собой».
Вдруг что-то заприметил,
«Внимательный» такой.

Потом как вдруг подпрыгнул
И громко, вот те на.
Сказал, что он достигнул:
«Какой же гений я!

Я, ура, добился,
Я смог, соединил.
Реальности единство,
Сумел, объединил».

Она вокруг убрáла,
Помыла, стёрла пыль.
Ей это было мало,
Протёрла и бутыль,

С которой Комп пил часто,
Свой сладенький сочóк.
«Ну вот, всё чисто, ясно.
А как там Комп, дедок?»

Утя руки в боки,
На него глядит.
И тихо так, с упрёком,
Компу говорит:

«Реально Комп, что правда,
Ты стал совсем другой.
А сейчас, что очень важно,
Пожалте в мир иной».

Взяла то с Компом кресло,
К компьютеру его,
Поставила на место,
Комп думал ... он в кино.

Глава 30 - Агор

Утя у Аго́ра.
Последний тут больной.
Зашла, надеясь скоро
Всё вымыть, и домой.

Зашла, а там мужчина,
Стоит он к ней спиной.
Пьёт воду из графина.
«Ну, здравствуйте, больной.

Как Ваше настроение
И как Ваш день прошёл?
Как медучреждение?
Какой был сегодня стол?

Вы очень молчаливый.
Вы всегда такой?
Сегодня день дождливый.
Вон, дождь стоит «стеной».

Мужчина повернулся,
На губе слюна.
Так странно ухмыльнулся.
И видит ... вдруг она,

Что доктор перед нею,
Но, как бы староват.
Она стоит робея.
Она отводит взгляд.

Ещё раз посмотрела.
Да точно. Док пред ней.
Немного осмелела.
Мужчина ж был первей:

«Ну что ты здесь лопочешь?
Тарелка где моя?
Что от меня ты хочешь?
Эх, молодость моя.

Ты вся такая справная,
Солидный «гарнитур».
Весёлая, забавная,
Красивый маникюр.

Проблемы что ль с головкой?
Какой тебе я Док?
Но «чешешь» очень ловко,
Давай еще разок.

Зовусь я здесь Агором.
Агор - так кличут тут.
Агором, не Егором.
А как тебя зовут?»

Утя же сказала,
Что Утя так она.
С собою совладала:
«Ну и попала я».

- «Так ты пухляш-утёнок?
Утятка значит ты.
Давай-ка ты милёнок,
Тарелочку найди».

Утя осмотрелась.
Тарелки не нашла.
Вся уж извертелась
Но, что сказать нашла:

«Тарелку? Вам какую?
В столовую схожу.
Большую Вам, простую?
Оттуда принесу».

Мужчина удивился,
Её он не поймёт.
Он прямо рассердился.
Сказал, ему … в полёт.

«Тарелка для полёта
Очень мне нужна.
В этом космолёте
Улетаю я.

Покидаю Землю,
В общем, навсегда.
И в этом ты поверь мне,
Утя-красота.

Мой дом вообще на небе.
За Солнцем, далеко.
Вот так Утёнок-бэби.
У вас мне нелегко.

У нас вода повсюду,
В воде живёт народ».
И ... как из ниоткуда
Шлем он достаёт.

Два кресла рядом ставит.
В одно садится он.
К другому Утю манит.
«Садись, взлетать начнём».

Она от страха села.
Сидит, молчит, дрожит.
«Ну, это лишь полдела,-
Агор ей говорит, -

Заводи моторы.
Ну давай, гуди.
Проверь ещё приборы.
Кто знает, как в пути.

Протри к тому же фары.
Вдруг дождь там или град.
А то устроишь «свару»,
Агор мол, виноват».

Утя встала с кресла,
Тряпка вот в руках.
«Протёрла» и на место.
Гудит (в душе то страх).

Тут резко дверь открылась.
Зашла, стоит, глядит.
То Ася появилась.
Удивлена, молчит.

Агор ей объясняет,
Они берут разгон.
Он всем повелевает,
Ведь капитан тут - он.

Ася же в сторонку
Немного отошла.
«Возьмите хоть тушёнки.
С собой я принесла».

Агор сидит, командует:
«Утятка, всё возьми.
Тушёнка нас «обрадует»,
Когда будем в пути».

Утя снова встала,
«Тушёночку» взяла.
Агору это мало:
«А ложки принесла?

Эй, белокурый хвостик.
На борт давай рывком.
Возьми с собой подносик.
Ты - стюардесса в нём».

Тут снова дверь открылась
И Лата там стоит:
«Ну что, повеселились? -
Агору говорит, -

Сейчас укол получишь
В свой капитанский зад.
Живот потом так вспучит,
Что будешь сам не рад.

Девчёнок с «космолёта»
Немедля отпусти.
Закончились полёты.
Ты уж меня, прости».

… И вот они собрались,
Втроём все уходить.
С Агором попрощались.
Мол нечего хандрить.

Агор на ухо Уте
Тихонько так сказал:
«Ну, ты про них забудь,
Тебе пришлю сигнал.

Вот звездолёт дострою.
Вдвоём будем в пути.
Тебе весь мир открою.
Там только я и ты!»

Глава 31 - Сомнения

Когда оттуда вышли
Вздохнули все втроём.
«Ничто здесь не попишешь,
Такой у нас тут «дом», -

Сказала Ася Уте, -
А мне идти пора.
Завтра ж на минуту
Зайди ко мне с утра».

К Лате обращаясь,
Добавила она:
«Я не ошибаюсь,
Что на вокзал пора?»

Лата подтвердила,
Что ей сегодня в путь.
А Ася заявила:
«Ты паспорт не забудь».

Ещё она напомнила,
Что после к Миле ей.
Мол всё, когда исполнила,
Ей передать скорей.

…. Утя идёт в комнату.
Задумчива, одна.
Весь день сегодня вспомнила.
В сомнениях она.

Идя по коридору,
Слышит, вроде вдруг
За стенкой разговоры,
Хлопки, оваций звук.

Прислушалась, всё тихо.
Не слышно ничего.
«Какая я трусиха.
Наверное я, того».

Вот в комнате, спокойна
И вспомнила больных,
Все с ними разговоры,
Теперь ей как «родных».

Больных всех вспоминает,
Уж восемь было так,
И как-то понимает,
Что что-то … здесь не так.

Ну, пара их больные,
То видно явно так.
А большинство - другие,
Здоровые, что факт.

И вот они считают,
Что молодость придёт.
В то верят, ожидают,
Оно произойдёт.

Что ж это за больница?
Какая тайна здесь?
Она не психбольница.
В ней скрытый смысл есть.

Лежит и размышляет,
А сон уж «подошёл».
Что делать то? Не знает.
Заснула. Сон пришёл.

Ночью вдруг проснулась.
Мужчины слышит крик.
Оделась и обулась.
А крик затих, поник.

Когда же дверь открыла,
Увидела она,
Там Молот. Вот так диво.
Стоит. В крови рука.

Он Утю не заметил,
Ведь к ней спиной стоял.
Её не «рассекретил».
... Кого он усмирял?

Глава 32 – День рождения

Утро. Утя вста́ла.
На завтрак ей пора.
А мыслей то не мало,
Болит аж голова.

Умыта и одета.
Причёской занята.
И бигуди уж вдеты,
«Шикарна» голова.

Вдруг слышит бормотание,
За дверью. Вот те на.
Толкание, громыхание.
И крики: «Нет. Моя».

Утя «бигудинная»,
Направилась к двери.
Глядь … очередь там длинная
Мужчин. Ты посмотри.

Мужчин там очень много,
С цветами все стоят.
Одеты очень модно.
Ругаются, кричат.

И спорят, кто тут первый:
«Вас не стояло тут.
Не трогайте. Я нервный».
Ну всё сейчас разнесут.

А к цветам подарки
И кто на что горазд:
Мячи у Фута ярки,
Он их сейчас подаст.

Мячи у Фута с надписью:
«Утя» и «Футбол».
Бух-книгу ей для записей
Банк где-то приобрёл.

Комп дарит ей компьютер,
Агор припёр свой шлем.
Молот - вкусный бургер.
А Тук - клубничный джем.

Их дарят аж в волнении.
Всё то передают.
Садятся на колени
И разом песнь поют:

«Утя наша дивная,
Тра-ля-ля-ля.
Прекрасная, красивая,
О тра-ля-ля-ля.

Тебе мы в День рождения,
Тра-ля-ля-ля.
Желаем вдохновения,
О тра-ля-ля-ля.

Тебя мы очень любим,
О тра-ля-ля-ля.
И в жизни не забудем!
Тра-ля, ля-ля, ля-ляяяя!

Утя то забыла,
Что сегодня День её.
Как это очень мило.
Всё это - для неё!

Подарки принимает.
Дарящим поцелуй.
Вот так оно бывает.
Ну, Утя, торжествуй!

Потом приём у Аси.
Суха она, червства.
Ей не сказала: «Здрасьте».
Не знает что ль она?

Вдруг Уте сообщила:
«Ротация опять.
Себе ты уяснила?
Четвёртый, убирать.

Пойдёшь в отсек четвёртый
И бигуди сними.
Там нет мужчин «повёрнутых».
Понятно? Всё. Иди».

Глава 33 - Аванс

Утя идёт к Миле,
Аванс свой получить.
Коллеги убедили,
Что лучше, разделить

Зарплату на 2 части:
Получка и аванс.
Коллеги в том «лобасты»,
То денег так, баланс.

Идёт по коридору,
Навстречу Лата ей.
И прям без разговору,
И без пустых речей,

Утю обнимает,
И плачет вдруг навзрыд.
При этом поздравляет
И дальше говорит,

Что ей так жалко очень,
Уходит Утя, жаль.
А сердце так «клокочет»,
Да и в душе «пожар».

Скучать по ней так будет
И плакать, иногда.
Утю не забудет,
Поверить та должна.

Утя сообщила,
Что к Миле так идёт.
Себе уж сочинила,
Как там произойдёт.

Лата с удивлением
Смотрит на неё.
Застыла на мгновение
И думает своё.

«Утя, как? Ты тоже?
Ходила на вокзал?
Надо же. О, Боже.
То Сток тебе сказал?

Так значит ты уж в курсе?
Ты тоже часть «семьи»?
А где же те … ресурсы?
Ну сколько? Покажи?»

Утя отвечает,
Что ей то не понять.
Она туда «шагает»,
Аванс свой получать.

Лата аж вздохнула.
Всё понятно ей.
Слезу она смахнула.
Пошла к себе скорей.

«Увидимся родная.
Не думай ничего.
Моя ты дорогая.
Хорошего, всего».

Глава 34 - Мила

Кто такая Мила?
Бухгалтер здесь она.
Мила - это «сила»
И в общем тут «звезда».

Считает всем зарплату
И деньги выдаёт.
Затраты и оплаты -
Она ведет подсчёт.

Внешне интересная,
Хоть и не красота.
Но нежная, любезная,
В общении проста.

Очень грациозная
И чудо-голосок.
В основном серьёзная
Но, ротик «на замок».

Лишнего не скажет,
Не спросит и не даст.
Но если что, подскажет.
Ну, вот такой контраст.

Утя к ней заходит.
Первый раз у ней.
С Милы глаз не сводит.
«Ну, Утя, не робей.

Входи, располагайся.
Присядь и отдохни.
Меня ты не пугайся.
Может дать воды?»

- «А можно дать зарплату?
Ой, нет. Аванс прошу.
Зарплату рановато.
Волнуюсь я. Дрожу.

Если надо очень,
Я на вокзал схожу.
Зачем? Не знаю впрочем.
Не надо? Погожу.

Давайте на вокзале,
Куплю Вам пирожки.
Там вкусные бывали.
И есть там шашлыки».

Так Утя ей сказала.
Потом стоит, молчит.
Ей будто это мало,
Платочек теребит.

Мила так смеётся
И Утя вслед за ней.
То эхом отдаётся
И Милы нет добрей.

«Конечно же», - сказала.
Подошла к стене.
Там что-то прошептала
С собой наедине.

И вдруг … стена раздвинулась,
За нею сейф стоит.
Ещё там что-то сдвинулось
И вот тот сейф открыт.

Сейф такой огромный,
Что во всю стену он.
Внутри большой, объёмный.
Броня со всех сторон.

Сейф забит деньгами.
Ну, «миллионы» там.
Лежат в нём «этажами».
Он треснет сейчас по швам.

Мила Уте выдала
Неплохой аванс.
Его слегка завысила,
Так как есть нюанс.

Нюанс тот - День рождения,
Что у Ути был.
И есть распоряжение,
То шеф определил.

К сейфу снова Мила,
Шепчет там опять.
В общем сейф закрыла.
Как? Уте не понять.

… Открылась дверь внезапно.
Там Док стоит в дверях:
«О, Утя, как приятно,
Я так-то второпях.

Ну, я Вас поздравляю,
Желаю Вам всего.
Хорошая Вы, знаю.
И знаю нелегко

Работа Вам даётся,
Но, она для Вас.
И если кто зарвётся,
Дадите ему «в глаз».

Но, осторожно с этим.
Вы - боевая так.
Не первый раз, заметьте.
И это - не пустяк».

Утя попрощалась
И к себе пошла.
Дока испугалась.
Сказать что, не нашла.

Вспомнила однако,
Забыла подписать,
За аванс бумагу.
Пришла назад опять.

Без стука забегает
И видит там она:
Док Милу обнимает.
Пред ней его спина.

Утя развернулась
И «пулею» назад.
Там чуть не навернулась.
Её пусть … извинят.

Глава 35 – Четвёртый отсек

Итак, отсек четвёртый.
Сегодня ей туда.
Утя - «калач тёртый».
«Привет всем, господа».

Она так всех приветствует
И тортик принесла.
Всё в общем соответствует.
«Ну, здрасьте. Утя - я».

Коллег здесь снова трое.
Как впрочем и везде.
Вежливы так вроде,
Но, жмутся все к стене.

Куратор у них Мау,
Громадна, как «гора».
Она - кузина Вау,
Она - её сестра.

Конечно, не родная.
Как точно, не поймёшь,
Но, мощная такая.
Кулак у ней хорош.

Хотя они кузины,
Нет схожести в лице.
А внешне - «исполины».
Скажу я так, в конце.

Осматривает Утю
С ног до головы:
«У нас тут нету блуда.
Ты Утя то учти.

Коллектив тут женский,
Мужиков нема.
И ты здесь не главенствуй.
Старшая здесь - я.

«Хвостом мести» не надо,
Больные - все бабьё.
Уборки многовато.
Ну вот, сказала всё».

Утя возмутилась,
Что Мау с ней груба.
Ей так удивилась.
Подумала - тупа.

Стояла тут же Суя,
Уборщица она.
А рядышком, на стуле,
То Бона - медсестра.

В глаза однако бросилось:
Во-первых «знает» их.
Ей все больные вспомнились
И это, во-вторых.

С отсека они с третьего.
Ну прям одно лицо.
И рассмотрев конкретнее,
Тех вспомнила жильцов.

Мау - это Доза,
Лицо одно и тоже.
Такая же «заноза»,
Но телом не похожи.

Суя - это Ига,
Опять одно лицо.
Похожи просто диво.
Тут сходство налицо.

Мода - это Бона.
Блондинка тож она.
Похожие персоны,
Но Мода, всё ж умна.

Утя вспоминает,
Что было так уже.
Её это пугает.
А что сказать вообще?

Агор похож на Дока,
Как будто это он.
И эти дамы сбоку,
Такой же здесь «фасон».

Они все так похожи,
Что и не отличить.
Коллеги же моложе.
Их надо расспросить.

Глава 36 - Мау

Осталась Утя с Мау,
Другие две ушли.
Внешне они «пара»,
Они «слегка» полны.

Утя, вдруг заплакала,
Слёзы аж «рекой».
Они градом капали,
Смахнула их рукой.

«Что вам плохого сделала?
Зачем вы так со мной?
Я может неумелая.
Но не была к вам злой.

Я к вам пришла по-доброму
И тортик принесла.
А вы ко мне прям «кобрами».
Я это не ждала.

Пришла с отсека первого.
И да, он там мужской.
Но не была там стервою
И не была «звездой».

Ни с кем там не гуляла,
«Хвостом» там «не мела»
И не сооблазняла.
Приличная была».

Навзрыд она рыдает,
Икота началась.
Трясётся и чихает,
И телом затряслась.

Вдруг Мау улыбнулась
И Утю … обняла.
Рукой лица коснулась.
«Прости-ка ты меня.

Прости меня ты Утя.
Видно - дура я.
Такая я зануда.
Гордыня то моя.

Перед твоим приходом,
Сказали про тебя,
Что ты, того, с заходом,
Странна ты и груба.

Что всех ты подминаешь
И старшей хочешь стать,
Что напролёт гуляешь
И в морду можешь дать.

Мы все тут испугались,
Что ты такой вот «фрукт».
И аж заволновались.
Что это за «продукт»?

Стоят они обнявшись
И плачут аж навзрыд,
А после, разобравшись,
Их речь пошла про быт.

Мау рассказала,
Что замужем она.
Коллег всех описала.
Тут хороша «семья».

Глава 37 - Суя

С Суей Утя встретилась,
Перенимает всё.
Та бегает и вертится,
Забыть бы ничего.

Очень уж взволнована,
Минуту не стоит.
Проста, не образована
И также говорит.

В бумагах нет порядка,
Так сразу не поймёшь.
И там и там накладка,
Хоть где не развернёшь.

Очень хаотичная,
В движениях суетна.
Такая непрактичная,
Во всём она странна.

Инвентарь весь старый,
Поломан, порван он.
А его не мало,
Ну в общем, повреждён.

Суе как-то стыдно,
Что выглядит он так.
По ней всё это видно.
Кругом царит бардак.

Говорит испугано
И боязнь на лице.
Она прям вся «затюкана»,
В любом её словце.

Уте вот призналась,
Что это с ней всегда.
Она так волновалась,
Как Утя к ним пришла.

Боится всех и Утю.
Не знает почему.
Боится абсолютно,
Что попадёт в тюрьму.

На Утины вопросы,
Не стала отвечать:
«Мне не нужны расспросы.
Должна ты понимать.

Ты на вокзал не ходишь,
А я туда хожу.
Дела те не воротишь.
Я так тебе скажу.

Всё это так неправильно,
Нечестно это всё.
Но здесь такое правило,
Что всё иль ничего.

Вот оттого страдаю
И плачу по ночам.
Может я больная?
Не говори врачам.

А то меня уволят.
Работы больше нет.
Тем самым, обездолят.
Такой я дам ответ».

Про себя сказала,
Что живёт одна.
И жизнь ту описала.
Эх, «бедная» она.

У Суи, в её комнате,
Опять большой портрет.
Там Суи две, все скромные.
Других излишеств, нет.

Вдруг появилась Мау,
Ей властно говорит:
«Пора тебе к вокзалу.
Тебе то Сток, велит».

Суя как-то сжалась,
Поникла … и пошла.
Она так испугалась.
Но то - её судьба.

Глава 38 - Бона

Заходит Утя к Боне,
Чтоб с ней поговорить.
Та смотрит отрешённо,
Не говорит. Молчит.

Утя поздоровалась
И улыбнулась ей.
Толь Боне не здоровится.
Пойми её, сумей.

Она не разговорчива
И вялая сама,
И запах там испорченный.
Потеет так она.

Потом разговорились
И вроде вот добра.
Она на Утю злилась,
Когда та к ним пришла.

Всё это наговоры,
Потом уж поняла.
И дальше в разговоре
Поведала она,

Потеет очень часто
И запах от неё.
Лечилась, всё напрасно.
Такое вот житьё.

Затем и одинокая.
Кому она нужна?
«Такая жизнь, жестокая», -
Заметила она.

Хоть внешне и красивая,
Но казус этот есть.
Такая несчастливая.
Откуда та невесть?

Картина там имеется,
В ней женщин тоже две.
А что же там виднеется?
Цветочек в голове.

У женщин, у обоих,
Цветочек в волосах.
И обе так похожи,
Что рябит в глазах.

Одна, то явно Мода,
Как есть. Она стара.
Вторая - это Бона.
И Бона - молода.

Уте интересно.
Про это хочет знать.
Но Бона бессловесна.
Не хочет отвечать.

Подумала немного,
Такой ответ дала:
«Всё это - для благого.
И в этом … нету зла».

Глава 39 - Стана

Утя на уборке.
У Станы прибралась.
Стана вся в восторге
И чувствам поддалась.

Пожилая женщина.
И видно, что в годах.
Когда-то манекенщица.
«Носили на руках».

Удачно замуж вышла.
Муж был страховщик.
Однако позже вышло,
Что бизнес тот «поник».

И мужа вот не стало,
Ушёл он в мир иной.
Она одна осталась,
Хорошенькой такой.

Окунулась в дело
И бизнес подняла.
Она в нём преуспела,
В страховках «расцвела».

Пошло всё так удачно,
Клиентов целый «вал».
Не всё было «прозрачно»,
Произошёл обвал.

Всё переписала.
Другому отдала.
А что дальше стало?
… Состарилась она.

Деньги есть, богата.
Но в общем так одна.
И чтоб не поздновато,
Решила вот она,

Слегка омолодиться,
В больнице - где сейчас.
И станет «молодицей»,
Как раньше -«высший класс».

Не надо операций,
Напитки тут дают.
От этих вот новаций,
Ей молодость вернут.

А идеал - картина,
Что на стене висит.
Двух женщин, половины.
Она о них твердит.

Та, что помоложе,
Такой ей надо стать.
В лечении «путь проложен».
Его ей соблюдать.

Она уж это чувствует,
Что молодость идёт.
И верит, и предчувствует,
Что то произойдёт.

Помочь же Уте может,
Коль страховой момент.
Она ей в том поможет
И будет та - клиент.

Глава 40 - Реса

Заходит Утя к Ре́се,
Уборка у неё.
У Ресы руки в тесте
И лепит из него,

Различные фигуры
Женщин и мужчин.
Какая рецептура
Для её лепнин?

Уте рассказала,
Что туда кладёт.
Как делать показала,
Всё в печь она несёт.

Фигурки подрумянились.
Вкусный запах - в дом.
Сознание затуманилось
И мысли о былом,

Как мама это делала
И как они вкусны.
… Уборку Утя сделала,
И чай вот пьют они.

О как вкусны печеньки,
Для Ути в самый раз.
Но ест их помаленьку,
Она же тут в гостях.

Спросила про фигурки:
«Такие, почему?»
- «Сейчас моя «дочурка»
Тебе я объясню.

Одна вот я, скучаю.
Фигурки - персонал.
Я их так представляю
И их функционал.

Вот это Сток и доктор.
Бона, Мау там.
И есть ещё там кто-то.
Ты кушай. Я подам.

Я всех тут угощаю.
Такие вот они.
А если злы? Прощаю.
Ещё одну? Возьми.

Богатая я очень,
Ресторанов - тьма.
И, про между прочим,
Здесь тоже есть и я.

Вот моя фигурка.
Тут помоложе я.
И есть моя дочурка,
Что мной не рождена.

Аборт когда-то сделала,
Я знаю - грех то мой.
Что я потом не делала,
А он - всегда со мной.

А я тут на лечении,
Хочу моложе стать.
Одна вообще, в забвении.
Ну что ещё сказать?

Мой паспорт отобрали
И тянут всё с меня.
С ним бегают к вокзалу.
Ну всё ж не дура я.

Когда ты всё узнаешь,
Наступит твой черёд.
Ты сейчас им помогаешь.
Расплата же, придёт».

Глава 41 - Странности

Об этом Утя думает
И в комнату идёт.
Вся в мыслях и угрюмая.
Вот коридор, проход.

Одна в том коридоре.
Вечер. Тишина.
Вдруг слышит разговоры.
Испуганна она.

Встала. Повернулась.
Никого там нет.
Ещё раз оглянулась.
Ну в чём же тут секрет?

Тишина кромешная
Вокруг неё стоит.
«Я может стала грешная?» -
Себе так говорит.

«То может наказание?
Что делаю не так?»
... Вдруг, слышит громыхание
В проходе на чердак.

И голоса, их множество,
Так радостны они:
«Вот это так художество.
То Утя. Посмотри».

И разом снова смолкли.
И тишина опять.
Утя сбита с толку.
Ей это не понять.

… Наконец-то в комнате.
Она пришла «домой».
Ещё раз день свой вспомнила.
Всё, спать. Пора. Отбой.

Спокойно ей не спится
И духота стоит.
Уснула. Уте снится,
В лесу она. Бежит.

За нею кто-то гонится,
Вот-вот и … пропадёт.
Проснулась: «Вот бессонница».
Попить она идёт.

Из коридора слышит
Стоны и мольбу.
Притихла и «не дышит».
«Что это? Не пойму».

Дверь слегка открыла,
Мужчина там идёт.
Быстрей опять закрыла
И ждёт, когда пройдёт.

А он остановился,
Пред дверью он стоит.
Там что-то завозился
И тихо в дверь стучит.

Страшно Уте жутко,
Закрыла все замки.
Это ж ведь не шутка.
Ночь. Стоны. Мужики.

Запёрлась в туалете
И так … уснула там.
Всю ночь в своём клозете.
Назло, всем мужикам.

Глава 42 – Новое поручение

Утю попросили
К доктору прийти.
Ей кофе предложили,
Конфеты-ассорти.

Присутствовало трое:
Доктор, Ася, Сток.
Молчание гробовое.
И первым начал Док:

«Утечка Петровна,
Довольны тобой мы.
Обсудим сейчас дословно
И ты нас тут пойми.

Иногда бывает,
Что крики по ночам.
То так больной страдает.
Работа нам, врачам.

В отдельной он палате.
Вверху, на чердаке.
Дежурят там медбратья
И дверь та на замке.

Медбрат, он же куратор,
Смотрит за больным.
В общем как «блокатор»,
Если что-то с ним.

Больной Болтом зовётся.
Неспокойный он.
Бывает, что дерётся.
Уж извини. Пардон.

Иногда он плачет,
Стонет он порой.
Бывает начудачит.
Короче, Болт чудной.

Тебя хочу просить я,
Там тоже убирать.
Всё это от бессилия,
Других не мог сыскать.

Если ты согласна,
Гонорар двойной.
Это не опасно.
Болт, в общем-то, не злой».

Ася тут добавила,
Куратор будет с ней.
Здесь такое правило.
Так будет-то верней.

Сток ещё заметил,
Что тоже подойдёт.
Как сторож, мол, в ответе,
За всё ведет учет.

Утя удивилась,
Что Сток всё знает тут.
Убраться согласилась.
Несложный это труд.

Все радостно вздохнули.
Проблема решена.
Мужчины подмигнули.
А Утя? Так скромна.

Глава 43 - Мела

Когда там убираться,
Сказали, сообщат.
А Утя собирается
У Ме́лы убирать.

Мела лежит в ванной,
До Ути дела нет.
Тут запахи дурманные
И на стене портрет.

Там Мела вновь двойная.
Внизу - как есть она.
Вверху же молодая
И то - её мечта.

Об этом рассказала
Из ванной выходя.
Она о том мечтает
Сейчас в её года.

Мела очень полная,
За шестьдесят ей так.
Она неугомонная.
В общении - весельчак.

Сказала – одинокая.
Живёт давно одна.
Без тапок, босоногая.
В халате и пьяна.

Давай про жизнь рассказывать,
Про бизнес, про дела.
И фото ей показывать,
Где молодой была.

Она на них шикарна,
Что глаз не отвести.
Когда-то популярна,
В лет где-то двадцати.

Мужчин не мало было,
Крутились все вокруг.
А сейчас её забыли
И даже нет подруг.

В бизнесе успешна,
В мебельном была.
Живёт так безмятежно.
Богата … но полна.

Две у ней проблемы:
Как помоложе стать
И как-бы ей «богеме»
Немного похудáть.

Но кушать любит очень
И мясо, и торты.
Все сладости восточные.
Тут не до красоты.

Свой бизнес передала,
Но ей с того доход.
Имеет, и не мало.
Шикарно так живёт.

Свой паспорт, карту банка,
В больнице отдала.
Она ж не «голодранка».
Ей хватит - навсегда.

Глава 44 - Тура

Когда ушла от Мелы,
Подумала она,
Что Мела очень смелая,
Раз карту отдала.

И ещё заметила,
Что Мела с Вау схожа.
Утя так приметила
«Ужасно» как похожи.

Дальше пошла к Туре
Убраться у неё.
Что Тура за натура?
И как её житьё?

Заходит, видит Кара,
В комнате сидит.
Кара с портсигаром.
Курит и … молчит.

Постарела что ли?
Да нет же. То она.
Похожа, ну до «боли».
То Кара. Но стара.

Утю не приветствует.
Молчит себе. Сидит.
Видно, что не бедствует
Деньгами шелестит.

Купюры прям огромные.
Кладёт из них пасьянс.
Видно - жизнь раздольная,
Но есть … один нюанс.

Сама с собой играет,
С кем-то говорит.
Вообще не замечает,
Что Утя здесь стоит.

Утя же спросила:
«Кара, что с тобой?
Ты раньше была мила,
А стала вдруг другой».

«Кара» Утю видит
И громко говорит,
Что вот она предвидит,
Чем Утю «восхитит»,

Что Уте убираться,
Надо явно тут.
Ей мыть, а не «болтаться».
Бездельницей сочтут.

А она здесь - Тура.
Кто Кара? Не поймёт.
Мол она не дура
И ... деньги подаёт.

«Вот это за уборку,
За швабру поскорей.
А то устрою порку.
Да, виски мне налей.

Бутылка там, в серванте,
Картина где висит.
В двойном я варианте,
Тебя то удивит.

Молода и старая,
Я на картине той.
Хоть я ещё поджарая.
Не буду я седой.

Молодой здесь стану.
И это точно. Факт.
И телом я воспряну.
Так говорит контракт.

Туризмом занимаюсь.
Это бизнес мой.
По миру я катаюсь,
Мне это не впервой.

Куда тебя отправить?
Мальдивы, Таиланд?
Куда тебя бы сплавить?
В Узбекистан, в Коканд?

Когда решишь, так скажешь.
А сейчас, полы помой.
А если не подскажешь,
Пойдёшь к себе домой».

Утя всё помыла
И денег не взяла.
Туру не будила.
Она … была пьяна.

Глава 45 - Ночь

Закончилась работа,
К себе она пошла.
Её клонит дремота,
Она «обволокла».

По коридору снова
В комнату идёт.
Устала. Спать готова.
Сейчас она уснёт.

И в этом коридоре,
Опять же слышит шум.
Людей как будто свора.
Спросила наобум:

«Кто вы все такие?
Скажите не тая.
Намерения благие?
Ну кто вы? Утя я».

Голоса вдруг смолкли.
И снова тишина.
Полностью умолкли.
Лишь голая стена.

Она её пощупала,
Понюхала ещё.
Прижалась и послушала.
Не слышит ничего.

… Наконец-то в комнате.
Разделась. Сразу спать.
Весь день она припомнила,
Пора и засыпать.

Дрёма вот подкралась,
Сон уже пришёл.
И вдруг ... ей показалось,
К ней кто-то подошёл.

В страхе она сжалась.
Не двигаясь лежит.
Теперь ей показалось
Что на неё глядит,

Кто-то очень страшный
(Но может это сон?)
И вдруг рукою влажной
Лица коснулся «он».

Утя подскочила,
Свет включать скорей.
И лишь одно твердила:
«Меня ты пожалей».

Свет же не включается.
Ночь и тишина.
И Утя … просыпается.
В комнате одна.

Мокрая, вспотевшая.
Дрожит как лепесток.
Как будто «сумасшедшая».
По коже холодок.

«Ну что это со мною?
С ума схожу что ль я?
А всё тому виною
Доверчивость моя.

Не надо верить психам.
Больные они все.
Какая ж я трусиха.
Приснилось это мне.

Рассказывают сказки,
Богаты что они
И строят свои глазки,
А потом - пьяны.

Это - психбольница.
Не надо забывать.
Они здесь, чтоб лечиться.
А мне тут, убирать».

… Из коридора слышит
Там крики, беготня.
Сидит она. Не «дышит».
«Не дам вам это я».

Слышит эту фразу.
Удары. Стоны. Крик.
«Ну, говори, зараза».
И после … крик поник.

Утя приоткрыла
Дверь и видит вот:
Громадных два детины,
Мужик меж них ползёт.

Раздетый он, трясётся.
Тянут те его.
«Тебе то не зачтётся.
Побег? Ещё чего.

За это наказание
Назначает Сток.
Другое воспитание
Пропишет тебе Док».

Утя дверь закрыла.
Подумала она,
Что бить - то не красиво.
Причина, какова?

Глава 46 - Болт

С утра явилась Ася
И сообщила вновь:
«Здравствуй Утя, здравствуй!
Порядок наш суров.

Ротация вот снова,
В отсек пойдёшь второй.
Тебе это не ново,
Но сперва помой,

Там, где мы просили,
То есть, у Болта.
Я знаю, ты осилишь.
Но дверь там заперта.

С тобою вместе будут,
Кураторы. Аж два.
Они с тобой пребудут
Охраной от Болта.

А пото́м уж сразу
Во второй отсек.
Мужчин там - до «отказу».
Устроишь там «набег».

Милые все очень,
Шикарны. Красота.
А ты, про между прочим,
В общении проста».

Так Ася намекнула
И снова по делам.
Уте подмигнула:
«Пойдёшь ты к женихам».

… Утю встретил Молот
И Крол тут подошёл.
Куратор, со второго,
С ними он пошёл.

Чердак неподалёку
От комнаты её.
В отдельном всё же блоке.
Идти недалеко.

Замков в двери там много.
Вот Крол их все открыл.
Зашли. О как убого
И смрад, что «нету сил».

Обстановка скудная,
Такая уж как есть.
Простая, не уютная
И негде даже сесть.

Посередине комнаты
Старая кровать.
Лежит мужчина, согнутый.
Лицá и не видать.

Когда зашли, поднялся
И повернулся он.
Бегом к стене. Прижался.
Раздался тихий стон.

Стоит и тихо стонет.
На Утю он глядит:
«Не бойтесь. Я не трону.
Ничто Вам не грозит».

Голос звучит мягко,
Внушает он добро.
Мужчина сам как в сказке -
Блондин, что «серебро».

Волосы волнистые,
Длинны они, до плеч.
Тело мускулистое.
Красавчик он, как есть.

Глаза его «бездонные»
Хоть век ты в них гляди.
Они грустны, но томные.
Эх Утя ... жди «беды».

Она везде убра́лась,
Порядок навела.
Утя так старалась,
Сама «еле жива».

Когда она закончила:
«Спасибо», - он сказал.
Конфет ей дал, батончики.
Ладонь поцеловал.

Утя отвернулась,
Зарделась вся она.
Сердечко «всколыхнулось».
… Эх, молодость моя!

Глава 47 - Крол

У Болта́ управилась
И во второй отсек.
Она с собою справилась.
«Какой он человек?» -

Сама себя спросила.
Ответа не нашла.
Все чувства пересилила,
В отсек второй зашла.

Куратора уж знает,
Зовут его все Крол.
Тут Утя вспоминает
Фута и футбол.

Фут с отсека первого
И Крол - одно лицо.
Куратор типа «нервного»
И любит он пивцо.

Сидит и попивает
На работе он.
Крол не замечает,
К пьянству свой уклон.

Различие от Фута,
Однако в общем есть.
Моложе он, зануда
И сильно любит лесть.

Когда же он смеётся,
То зубы прям видны.
Стесняется он, мнётся,
Что зубы так крупны.

Внешне Крол неряшливый
И запах от него.
Очень часто кашляет.
От пива есть брюшко.

Однако молчаливый
И как-то боязлив.
Но выпьет как - болтливый,
Все зубы обнажив.

От других узнала,
Что Крол живёт один.
Его же утешало,
Себе он господин.

Крол был уже поддатый
И взгляд его «открыт».
В общении нагловатый
И Уте говорит:

«Ну что? Привет Утятница.
Ты к нам пришла теперь.
Я слышал - ты развратница.
Закрой покрепче дверь.

Ты баба внешне справная,
Подходишь в самый раз.
Однако, то не главное,
Скажу тебе сейчас.

Сегодня, как стемнеет,
Ко мне ты приходи.
Я может протрезвею.
Пивка ты прихвати.

Будем забавляться
С тобою до утра.
Сейчас же убираться
Иди уж в номера».

Утя очень тихо
К Кролу подошла:
«Однако это лихо.
Считаешь дура я?»

И пятернёй здоровую
Крола за кадык,
Схватила непутёвого.
Сжала. Он поник.

Горло так сжимает,
Глаза уж из орбит.
Крол телом оседает.
Орёт он, верещит.

Дышать уже не может,
Конвульсии пошли.
«Гусиной» стала кожа.
Коллеги ... вдруг зашли.

Стоят в оцепенении.
Не знают что сказать.
А Утя объяснение
Своё готова дать.

«Не знаю что случилось.
Крол вдруг занемог.
Я просто с ног здесь «сбилась».
Ему под язычок,

Таблетку положила
И вроде как … спасла.
Его то оживило,
Я это поняла.

Коллеги успокоились
И ушли вдвоём.
Утя не расстроилась,
То был так «ход конём».

Крол в себя пришедши
На полу сидит.
Он прям как «сумасшедший»
С боязнью глядит.

Утя ему молвила:
«Ну, «кролик», ты попал».
По плечу похлопала.
«Ты что-то мне сказал?»

Крол голово́й мотает.
Мол, претензий нет.
Умом он понимает,
Что может быть «огрет».

Она ещё добавила,
Ему «придёт конец»,
Хоть раз Болта ударит он.
Тогда вообще … «пипец».

Глава 48 - Пол

Ещё коллеги были.
Уборщик звался Пол.
Весёлый был и милый.
Лентяй однако он.

С уборкой очень сложно
И в общем-то, никак.
Ну как же это можно,
Что везде бардак?

Такое ощущение,
Что никогда не мыл,
Хоть было впечатление,
Что очень умный был.

Пришедши на работу
Сначала кофе пил.
Болтал он беззаботно,
Так время проводил.

Как Пола увидала,
Подумала она,
Его уже встречала.
Но где это? Когда?

И Утя это вспомнила,
На Банка он похож.
Его она припомнила.
Похож. До «боли» схож.

Утя была мнения,
Один то человек.
Она вся в изумлении.
Какой же был отсек?

Ну да. Отсек был первый.
Больной там звался Банк.
Спокойный был. Не нервный.
Вот это «бумеранг».

Пол был однако скрытный,
Не знает Банка он.
В общении «ненасытный».
Он в нём - как «эталон».

Политика, погода,
Коллеги, доктора,
Здоровье и невзгоды.
Болтать мог «до утра».

В работе было главное,
Чтоб был «чистейший» пол.
То дело очень «славное»
И Пол был в пол «влюблён».

Уте он рассказывал,
Полы как любит мыть.
Спорил и показывал,
Как правильно мочить,

Как выжимать повторно
И воду как менять.
Послушаешь. Бесспорно
Он «мастер» на все «пять».

Как Утя заикнулась,
Убраться мол, пора.
Прервался он. Надулся.
Сейчас мол нет ведра.

Ну а ведра раз нету,
Не может убирать.
И Утины советы
Не будет принимать.

Ведро - то штука главная.
Его он одолжил.
«Ты Утя, очень славная.
Устал я. Нету сил.

Перед работой надо
Немного отдохнуть.
Ведь это сложновато.
Ведь это - «адский труд».

Глава 49 - Вара

Медсестра здесь Вара.
Хорошая она.
Сказала Уте, рада,
Что Утя к ним пришла.

Поведала вот тоже,
Про Утю говорят,
Ругаться с ней, негоже.
Ответ же может дать.

В общем уважение
В больнице к Уте есть.
Большинства то мнение
И это так. Не лесть.

Пригласила Утю
В комнату свою.
«Зайди хоть на минутку.
Я что-то покажу».

В комнате опрятно.
Чисто. Красота.
И что опять занятно.
Картина. Как всегда.

Красивые «две Вары»
С картины той глядят.
Молода и старая,
Ну а глаза блестят.

В глазах тех видно «святость».
Она в глазах стоит.
В обеих лицах радость,
Их радость единит.

На столе у Вары
Шикарных два торта.
«Я, Утя, тебе рада.
Торты те для тебя».

На тортáх сердечки
И надпись «Уте» там.
«Я очень рада встрече.
Торты тебе отдам.

Люблю готовить очень.
Готовка - мой «конёк».
И, про между прочим,
Есть ещё пирог.

С картошкой он и с мясом.
Покушай, не робей.
Попробуй это разом
И чаем всё запей.

А еще гуляшик
Я сделала сама.
Ешь всё. Здесь хватит чашек.
Я в гуляше сильна.

Гарнир здесь: рис, картошка.
Себе то положи.
А есть ещё окрошка.
Покушай. Услужи».

Утя так растрогалась
И Вару обняла.
Они чаем «чокнулись».
Теперь они - друзья.

Глава 50 - Хок

К больному пошла Утя
Убраться у него.
Зашла. Там нет уюта.
Кругом лежит бельё.

Комната пустая.
Его внутри там нет.
Но комната большая
И на полу паркет.

Картина, как обычно.
Мужчин опять там два.
Но что в ней необычно,
Там Молот. Вроде да.

Висят там фотографии.
Молот есть на них.
И рядом биография
Всех дел его «мирских».

Хоккеист известный
Молот раньше был.
Играл он повсеместно.
Его весь мир любил.

В комнате есть клюшка
И шайба там лежит.
Стоит большая кружка,
Там с «клюшкой он бежит».

И дверь вот тут открылась.
«Молот» там стоит.
«Уборщица, вот милость», -
«Молот» говорит.

Утя очень дерзко
Ответила ему:
«Молот, это мерзко.
Тебя я не пойму.

Зачем Болта вы бьёте?
Спокойный вроде он.
Я в своем отчёте
Устрою вам разгон.

Сообщу то Доку,
Чтобы он это знал.
С него вам будет проку.
Хочу, чтоб наказал.

Если и больной он,
То всё ж не дело бить.
Я слышала тот стон
И не могу забыть».

«Молот» в удивлении
Смотрит на неё.
И как-то с сожалением
Спросил: «Кто бьёт? Кого?

Я Вас не понимаю.
Вы кто тут? Прокурор?
Спокойней, призываю.
Мне странен разговор».

Рванулась к нему Утя
Со шваброю в руках.
«Забыл? Сейчас. Минуту», -
Крикнула в сердцах.

Берёт его на «мушку»,
Швабра у неё.
А он хватает клюшку.
«Посмотрим, кто кого».

Удар она наносит.
А «Молот», раз, отбил.
С улыбкой произносит:
«Я гол вот Вам, забил.

Вы тоже хоккеистка?
Как я? Ведь я же Хок.
Играете Вы быстро.
Хороший Вы игрок.

Вы мне сказали «Молот»?
Спасибо, я не стар.
Не то чтоб стар, не молод,
Я это б так сказал.

Хоком называют,
Вокруг все здесь меня.
Хочу себя представить,
Что Хок - то это я»!

Утя встала в ступор
И поняла теперь,
Что хоть ори ты в «рупор»,
Он Хок, а не злодей.

Пред Хоком извинилась,
Прощения попросив.
Она мол тут ошиблась.
Кивнул он ... извинив.

Глава 51 - Мачо

От Хока Утя вышла
И очень стыдно ей.
То было так излишне.
Ну, спутала людей.

Понять она не может
То сходство, ну никак.
Ещё её тревожит,
Что стало много драк.

Что на людей бросается,
Ей повод только дай.
В Болта она влюбляется?
Поди-ка угадай.

Все эти мысли гонит
Подальше от себя.
А это всё в ней бродит
Нутро её свербя.

… Пошла вот дальше, к Ма́чо,
Он следующий больной.
Не трожь её. «Кусача».
А Мачо - он плейбой!

У Мачо всё шикарно,
Как дорогой отель.
Красиво, антикварно
И сам - как топ-модель.

Развалился в кресле,
Сигару курит он.
Трусы немного слезли.
Ну, прёт тестостерон.

В халате, а под ним
Трусы и … в общем всё.
Красив. Неотразим.
Вот любит же бабьё.

Накачанное тело,
А жира просто ноль.
Глядит он прямо. Смело.
Тот взгляд для женщин боль.

Глядит, аж «раздевает»
И страсть в его глазах.
Он это понимает,
Что есть во всех «сердцах»,

В «сердцах» всех женщин мира,
Такие Мачо есть.
Чтоб мускулы. Нет жира.
Хотят его все «съесть».

Халат его расстёгнут,
До пояса аж так.
И зад торчит. Изогнут.
Ну Мачо, как-никак.

А грудь вся волосатая,
Там прям «дремучий лес».
Слегка одутловатая,
Не мальчик этот «бес».

В годах уже наш Мачо,
В головке седина.
Да вот же «незадача»,
То красит его. Да.

Куда ни глянь, всё женщины,
Той комнаты стенах.
Стройны как манекенщицы
В любых их всех местах.

Они есть на картинах,
На фото, на трусах.
В постели, на перинах,
На майках, свитерах.

И есть одна картина,
Где Мачо сразу два.
Две Мачо половины -
Моложе и стара.

Оглядел он Утю
Доверху и вниз.
Сказал через минуту:
«Малышка, повернись.

Посмотрю охотно,
В норме зад иль как».
А Утя … с разворота
Под нос ему кулак.

«Ты вот это видел?
Поближе рассмотри.
Гляди, а то «обижу».
Меня благодари».

- «Жаль, - ответил Мачо, -
Но я хочу сказать,
Твой зад - то прям «удача».
Там есть, куда «читать».

Глава 52 - Роз

Уборка у больного.
Кто следующий теперь?
Не думая плохого
Зашла. Закрыла дверь.

Такого не видала
Утя никогда.
Себе пробормотала:
«Какая красота».

Розового цвета
Комната была.
От стен и до паркета
Шикарна и светла.

Везде где можно, розы.
Красиво, ляпота.
Вот де́вичьи-то грёзы,
Ведь роз - их всех сорта.

В вазах и графинах
Букетов тут полно.
В цветочных магазинах
Уж не найдёшь давно,

Выбора такого,
Всех радуги цветов -
От нежно-золотого
До супер-лепестков.

Голубые, белые,
Красные цвета.
Яркие и бледные.
В них нежность, теплота.

Здесь запахи «небесные»
Сбивают просто «с ног».
Волшебно-расчудесные
В том празднике цветов.

За столом с цветами
Мужичок сидит.
С мешками под глазами.
На Утю он глядит.

Лысоват он, старенький.
Сидит себе тишком.
Ростиком он маленький
И с небольшим брюшком.

Встал он и представился.
Роз - его зовут.
О здоровье справился.
Сказал: «Нелёгок труд».

Опять же удивление,
Что это вроде Тук.
Вот снова совпадение,
Похоже очень вдруг.

Тук, с отсека первого
И Роз - одно лицо.
То может быть, наверное,
Больница близнецов?

Роз такой покладистый,
Не сплетник он, не Тук.
Лишь голосок раскладистей,
В очках и близорук.

Сказал - он «царь цветочный».
Бизнес то его.
Он на цветах «заточенный».
Цветы же - это всё.

Владеет магазинами
Цветов различных он.
Большими величинами.
В цветы был Роз влюблён.

А здесь мол на лечении,
Моложе хочет стать,
Чтоб быть всегда в движении,
Цветочки продавать.

Пример тому имеется:
Портрет - где Роза два.
На это он надеется,
Сказал без хвастовства.

… Закончила уборку,
Собралась идти.
А Роз бежит вдогонку.
Цветов - не унести.

Вручил букет огромный.
«Спасибо», - ей сказал.
Уборкой был довольный.
Успехов пожелал.

Глава 53 – Предложение

С Варой Утя встретилась.
Поболтали так.
Вара обесцветилась.
«Блондинка», как-никак.

Разговор о женском,
О всяком напролёт,
О делах вселенских.
Тут ... Ася к ним идёт:

«Вара собирайся
И мигом на вокзал.
Но долго не копайся.
Так это Сток сказал».

Вара собираться
На вокзал пошла.
«А нам бы пообщаться.
У нас с тобой дела».

Уте рассказала,
Как довольны все,
Что Утя убирала,
Ну там, на чердаке,

В комнате больного,
У этого Болта.
Всё стало по-иному.
Ну просто, красота.

Болт теперь спокойный.
Не буянит он.
Уборкой он довольный.
Хороший, крепкий сон.

«Итак, теперь решили,
Там будешь убирать.
Медбратьев отпустили,
Мы можем доверять,

Что и одна ты справишься,
Есть сила у тебя.
Ты гордая. Мне нравишься.
И в этом - «соль» твоя.

Хотела попросить же,
Тебя ещё о том,
Чтоб стала ты поближе,
С этим вот Болтом.

Спокойно. Понимаю,
Что хочешь мне сказать.
Я знаю. Удивляю.
Но должен он понять,

Всё будет по-хорошему.
А что? То знает он.
Стань в душу ему вхожая.
Последствия? Потом.

Я пару раз пыталась.
Смотри, шикарна я.
Никак не получалось.
Не любит он меня.

Если это сможешь,
Получишь гонорар.
Ты очень нам поможешь.
И гонорар тот в дар.

Сумма столь громадна,
Что и не описать.
Будет так досадно
Другой, его отдать.

Убирайся дальше
В отсеках этих всех.
Всё как всегда. Без фальши.
К тебе … придёт успех».

Глава 54 – Вторая встреча с Болтом

Итак, вторая встреча.
Она к Болту идёт.
Оделась как на вечер,
Фурор произведёт.

Платье покороче.
Каблук аж э-ге-гей.
А сердце так клокочет.
Быстрей, ещё быстрей.

Губы вот подкрасила.
Ногти, маникюр.
Себя всю «разукрасила».
Опять же педикюр.

Торт один от Вары
С собой она взяла.
В другую руку швабру.
Ну в общем … мыть пошла.

К Болту она заходит,
Убраться мол, пришла.
Он взгляд с неё не сводит.
Свела его «с ума».

Убиралась долго.
Помыла всё вокруг.
Прошлась везде метёлкой.
Второй уборки круг.

Протёрла всё до блеска:
Лампу, шкаф и стол.
Болту всё это лестно.
Помог ей, пол подмёл.

Наконец всё сделано.
Сидят и торт едят.
Чай выпит, тортик съеденный.
О жизни говорят.

Она ему про уток,
Про ферму. Обо всём.
А он ей много шуток.
Про дом, где был дитём.

Как стал он инженером,
Вот потому и Болт.
О браке своём первом,
А также про развод.

Как здесь он оказался,
Хотел моложе стать.
Однако ошибался,
То стал осознавать.

Моложе не становится,
Лечение не впрок.
Плохо. Нездоровится.
И стал ему урок,

Что тайну он поведал,
Одному врачу.
А тот его так предал.
Сказал, что залечу,

Что если не поделится
Чем владеет он,
Он к психам переселится
И был … здесь заточён.

Пару раз пытался
Отсюда убежать.
Но сколько ни старался,
Не смог он отыскать,

Выход из больницы,
Ловили враз его.
Сидит тут как в темнице.
Как это нелегко.

Утя так расплакалась.
Жизнь так непроста.
А Болт обнял. Заплакал сам.
Сомкнулись их уста.

Глава 55 - Топ

К себе она вернулась
И не спала́ всю ночь.
Всё в ней «перевернулось».
Не может превозмочь,

Все чувства, что нахлынули.
Как ей невмоготу.
Глаза они «раздвинули».
Любовь … у ней к Болту.

… С утра, на день на следующий
В столовую пошла.
Там был её заведующий,
С ним разговор вела.

Звали его Топом.
И был он так похож,
На больного Компа.
Ну был с ним очень схож.

Комп с отсека первого -
Компьютерный «герой».
И Топ с его консервами
Похожи. «Боже мой».

Спросила Утя Топа.
Имеет брата он?
Молчит. Глазами хлопает.
Ушёл. Принёс бульон.

Сказал, что братьев нету,
Один он был в семье.
Потом принёс котлету,
Поведал о житье.

Работает здесь поваром.
Доволен очень он.
Спокойный Топ. Без гонора.
И голос-баритон.

Давай он ей рассказывать
Готовить что и как.
На кухне всё показывать.
Немного в том чудак.

Показывал ей фото
Родных и всех детей.
Уте дал компота.
И Топа - нет добрей.

Спросила его: «Можно,
Еды с собой мне взять?»
- «Всё можно. Осторожно».
И стал ей подавать:

Котлеты, макароны,
Творог и изюм,
Хлеб и шампиньоны,
Десерт – Рахат-лукум.

Упаковал всё это.
Вина бутылку дал.
Добавил он конфеты,
Потом её обнял.

Сказал он на прощание:
«Я знаю, для кого.
Но дай мне обещание,
Что имя моего,

Нигде не упомянешь.
Меня не предавай.
Я знаю. Ты не скажешь.
Мне на вокзал. Прощай».

Она от Топа вышла.
Ей не забыть вовек,
Как хорошо всё вышло.
И Топ – топ-человек.

Глава 56 – Прощание Вары

К Болту бежит, щебечет,
Еду чтоб передать.
Тут Вара прям навстречу
И хочет ей сказать,

Что тоже сейчас торопится
И времени так нет.
Надеется, всё сложится
Счастливой быть навек.

Ей очень срочно надо,
Прибыть на вокзал.
Она безумно рада,
Что вот такой финал.

Утю обнимает,
Целует невпопад.
Она всё понимает,
Дела как обстоят.

Сказала, Утю любит,
Что лучше её нет,
Что Утю не забудет
И дарит ей браслет.

Что тут она страдала,
Но сейчас всему конец.
Нашла себе здесь пару.
И скоро … звон колец.

Заплакала так сильно.
Уже почти пошла.
Вернулась. И «обильно»
Утю обняла.

Плачет. Развернулась
И пошла скорей.
Утя содрогнулась.
Не поняла речей,

Тех, что сейчас услышала,
От лучшей из подруг.
Подумала - послышалось.
Тут есть у Вары друг?

Крикнула вдогонку:
«Вара, объясни».
От крика нету толку.
Лишь долгое … Прости.

… Пошла в раздумьях дальше.
К Болту она идёт.
Всё вспомнила мельчайше.
«Ну Вара, во даёт».

Пришла к Болту и рада,
Увидеть его вновь.
Он - её отрада.
И он - её любовь.

Глава 57 - Туз

Сегодня воскресенье.
Уборка у Туза.
Прекрасно настроение,
Как впрочем ... и всегда.

К Тузу она заходит,
Не видит его там.
Туза там не находит
Ну где же есть он сам?

Стол посередине
Комнаты стоит.
Листы там с писаниной
И карт полно лежит.

Пасьянс он тут раскладывал?
И сам с собой играл?
Желания загадывал?
А Туз - оригинал!

Снова тут картина
На стене висит.
Мужчин там половины.
Вдруг стол как ... заскрипит.

Из-под стола выходит
Карлик-мужичок.
Пожилой он вроде.
Размером с «ноготок».

Туз - так он представился.
То имя здесь его.
На Утю он уставился.
«Сыграть ли нам в очкó?

В «дурака» иль в «тысячу»?
А может в преферанс?
Проиграю? Выплачу.
Иль разложить пасьянс?

А может по-другому?
Коль победишь меня,
Тогда по-деловому.
Полы, помою я»

Вспомнила тут Утя
Молодость свою.
Бывали в ней минуты …
«Окей. Я раздаю».

За стол садятся оба.
Туз вровень со столом.
Она не «твердолоба»
И знает, что почём.

«В «дурака» играем.
Не переводи.
А если обыграю,
Тогда уж не взыщи».

Утя так сказала
И карты вот взяла.
Долго их мешала.
Началась игра.

Туз сидит и ёрзает,
Не хочет то понять.
Себя за щёку дёргает,
Он может … проиграть.

Не идёт так карта,
А Уте просто «прёт».
Полно у ней азарта,
Она ва-банк идёт.

Пять раз. Все неудачно.
Проигрался Туз.
Сказала Утя смачно:
«Вон швабра, карапуз.

Ведро там рядом, тряпка.
Ты мой и не робей.
А мне уж, для порядка.
Сочку попить, налей».

Убрался Туз отлично.
Сказал однако он:
«Всё это необычно.
Я просто поражён.

Картёжник был хороший.
Играл всех лучше я.
А проиграл прохожей.
Не узнаю себя».

Утя рассмеялась:
«Я так тебе скажу.
Всё в жизни поменялось.
Я может насмешу,

Полы ты моешь лучше,
Чем в карты ты игрок.
Ты зрение то улучши.
Я в них не новичок.

Папа научил меня
В «дурака» играть.
В этом очень я сильна,
Могу и обыграть.

Но то игра такая,
Зовётся же - «дурак».
Тебя я уверяю,
Что в картах ты - простак.

Прости меня за это.
Играй в своё преферанс.
Моя тут «песня спета»
И … разложи пасьянс».

Глава 58 - Лино

Утя идёт к Лино,
Убраться у него.
Там висит картина,
Как тут заведено.

Мужчин там снова двое:
Старый, молодой.
И это всё чудное,
Хоть видеть не впервой.

В комнате мужчина
Пожилой сидит.
Полненький, с щетиной.
И Уте говорит:

«Мы тебя приветствуем.
Кто ты, мадмуазель?
Мы правим здесь, не бедствуем.
Зовёмся - Леоне́ль.

Мы царствуем над вами.
Я между прочим - царь.
Владеем мы дворами.
Я - местный государь».

Со стула он поднялся
И к шкафу подошёл.
В нём долго ковырялся,
Корону там нашёл.

На себя напялил
И снова значит сел.
Слегка её подправил,
То «царский» был задел.

Утя отвечала,
Уборщица она.
Хотела б для начала
Узнать его дела.

«Как в царстве обстановка?
Доволен этим царь?
Лекарства, дозировка?
Всё принял государь?

Здоров ли? Не простужен?
Всё в норме или как?
Что кушал он на ужин?
И почему бардак?

Где слуги и уборщица?
Непорядок то».
Спросила заговорщицки:
«А где его манто»?

И если «царь» не против,
То уберёт - она.
Тут всё облагородив.
Здесь будет – чистота.

... Поближе рассмотрела.
Ну нет тому конца.
Опять такое дело -
Похожи два лица.

«Леонель» и Кадр,
Один тот человек.
Что это за театр?
Не различить вовек.

Начальник кадров очень
На Лино так похож.
Немного худосочен.
Лицом реально схож.

«Царь» на то согласен,
Чтоб Утя убрала.
Стесняется, стал красен.
Понравилась она.

«Пойдёшь простолюдинка,
Ты замуж за меня?
Тогда с тобой картинки
Кругом повешу я.

Вот тебе корона,
Примерь, входи во власть.
Не твоего фасона?
Запрос подам в хозчасть,

Чтоб меньше подобрали,
Ну, для тебя размер.
И денег чтоб не взяли.
Поди её примерь».

Утя попрощалась.
Не пойдёт туда.
Ему она «призналась»:
Другому отдана.

Глава 59 – А кто такая Вара?

Убрала́сь у Лино,
Последний тут больной.
Настроение дивное.
Собралась «домой».

Навстречу идет Бона.
Это - медсестра.
С отсека та с другого,
С четвёртого она.

Утя удивилась,
Спросила у неё:
„Как ты? Зачем явилась?
И как твое житьё?»

- «Скажу я по секрету,
Что вот теперь у вас.
Здесь медсестры-то нету.
К больным иду сейчас».

- «А где же Вара наша?
Где она теперь?»
- «Делов не знаю ваших.
Ты в этом мне поверь.

Вару я не знаю.
Кто вообще она?
Разве есть такая?“
Она удивлена.

«Ну как же, кто такая?
Ну, Вара. Медсестра.
Весёлая, смешная.
Тут медсестрой была».

Пожала та плечами,
Не знает ничего.
Ушла … гремя ключами.
А Уте нелегко.

Она не понимает,
Что здесь произошло.
Сама себе вникает,
Не так тут всё пошло.

И Бона очень странная.
Ведь знает, но молчит.
Хотя коллега давняя.
Не говорит. Таит.

… Идёт навстречу Ася.
«О, Утя. Как дела?»
(Красивая, зараза.
Но не для Болта.

Какой же Болт хороший,
Не дал себя дурить.
А Ася не «святоша»,
Но может убедить).

Утя, снова новость.
Ротация опять.
Иди не беспокоясь,
В отсек, что номер пять.

И разговор отдельный,
Есть у нас к тебе.
Он где-то «запредельный»,
Но, будешь ты в «семье».

Одной из нас ты станешь
И для тебя то честь.
Финансы тем подправишь.
Прошу я то учесть.

А Болт как? Всё в порядке?
Ты движешься вперёд?
Ходы все в этой «схватке»,
Ты знай наперечёт.

Он умный так-то очень
И явно не простой.
Тебя он заморочит.
Смотри, он Болт такой».

Ася вся в «угаре».
И Утя не тая
Спросила: «Где же, Вара?
Ну Вара, медсестра».

Ася замолчала.
Не знает, что сказать.
«Скажи-ка для начала,
Тебя как понимать?

Вара, кто такая?
Не знаю я такой.
Здесь Вары не бывало.
Иди, полы помой».

Глава 60 - Бух

Утя просто в трансе:
«Ну вот так и дела.
Тут все в одном альянсе.
Все заодно. «Семья».

Пойду-ка я в столовую,
У Топа всё спрошу.
Я ведь не бестолковая,
Его я расспрошу».

В столовую заходит.
Глянь, Мачо там сидит.
Ну точно. Мачо вроде.
Сидит. Ест «общепит».

На Утю, «ноль внимания»,
Как будто её нет.
Ну нет к ней понимания,
Ведь у него обед.

Поел, отрыжку сделал.
Увидел и сказал,
Не всё он переделал
И ждёт его … вокзал.

Если кушать хочет,
Должна вот обождать.
Работой озабочен.
Ей надо понимать.

Утя недоверчиво
Смотрит на него.
Стал Мачо вдруг застенчивый?
С чего бы это всё?

Она его спросила,
Что делает он тут.
И тут же уточнила.
Он Мачо? Так зовут?

А он слегка замялся
И поблагодарил.
Потом как рассмеялся.
Сказал, что тронут был.

Но он простой. Не мачо.
И тут зовётся Бух.
То может к неудаче.
Но это мысли вслух.

Сказал, что здесь он повар,
Что Топа больше нет.
Пропал он. То был сговор.
И сейчас ей даст обед.

Утя знать вот хочет,
Куда же Топ пропал.
А Бух как загогочет.
Сказал, как «наповал»:

«Топ сбежал отсюда
И Вару прихватил.
Роман как в «Голливуде».
Всё Топ осуществил.

А Топ - он был хороший!
Но он несчастен был.
Вдовец он, одинокий.
Вот Вару полюбил.

Один детей воспитывал,
Сам правильный такой.
Им книжки вслух зачитывал,
А мне был - как родной!

Топ с Варой полюбили,
Что и не передать.
Жениться ж запретили.
Решили вот … бежать.

Записку тут оставили,
Чтоб не искали их.
Они всё так обставили -
Побег на выходных.

Все об этом знают.
Не говорят. Молчат.
Док это запрещает.
Не хочет компромат.

А ты у нас здесь новая.
Не знаешь ничего.
Тебе тут уготовано …
Нет. Не скажу всего».

Глава 61 - Тола

В отсеке Утя в пятом.
Последний он такой.
Работа ей понятна,
Помыла и домой.

Коллег здесь трое тоже.
Куратор, медсестра.
Уборщица вон моет,
Такая как она.

Уборщица здесь То́ла.
Ну, полная «мадам».
Вниманием удостоим.
Годков немного дам.

Движения не быстры.
Спокойна как «удав».
Полы же моет чисто
Водичку поменяв.

Инвентарь отличный.
В порядке видно он.
Ну прям-таки приличный.
Такой, как быть должо́н.

К Толе присмотревшись,
Утя поняла,
Знакомая та внешность.
Ну, Реса. Вот дела.

Больная, что с четвёртого,
Ну прям одно лицо.
С одной лишь оговоркою,
«Жадна́» уж на словцо.

Она немногословная
И в основном молчит.
Такая хладнокровная.
Спокойствие «царит».

Утя ей представилась,
Сказав - замена ей.
И Тола вдруг «исправилась»,
И стала «поживей».

Обрадовалась как-то,
Что ей в другой отсек.
Сказала так бестактно:
«Здесь думала, навек.

Хорошо как это.
Отсюда ухожу.
Моя тут «песня спета».
Я не для них «цвету».

Дра́знят меня всячески,
Что толстая вот я.
А сами неудачники.
Им не понять меня.

Люблю я очень кушать.
Прям «жор» во мне стоит.
Вот Утя, ты послушай,
Как мой живот урчит.

Вроде как поела
И голодна́ опять.
А тут такое дело,
Что надо убирать.

Есть ли что с собою,
Ну так, перекусить?
Поделишься со мною?
Есть что-то проглотить?»

Открыла Утя сумку
И всё ей отдала:
Бананы, йогурт, булку.
Она удивлена.

На стульчик Тола села
И ест ну всё подряд.
То всё на «радость тела».
Аж желваки хрустят.

Как съела всё до крошки,
Сказала Тола, вот,
Что поспала б немножко
И «жор» во сне пройдёт.

«К людям ты будь помягче.
Они не «убегут».
Мне пожелай удачи,
Вздремну немного тут.

Работа, то такое.
Ведь нету ей конца.
Сон - время «золотое»,
То фраза мудреца».

Поставила три кресла.
Легла и там лежит.
Огромны её чресла.
На весь отсек храпит.

Глава 62 - Винна

Куратором здесь Винна.
И это видно так.
Ведь Винна не невинна,
В винишке не «слабак».

Была слегка подвыпивши.
Ну, может быть чуть-чуть.
Причёска у ней «вздыбившись»,
Заколку бы воткнуть.

Одета неопрятно.
В юбке до колен.
На юбке были пятна.
В походке лёгкий «крен».

Голова не мыта
И тело вроде тож.
Как запах из «корыта»,
Был от неё исхож.

Простая в разговоре.
Воспитания «ноль».
В жаргоне и фольклоре
Был главным - алкоголь.

«Ну Утя, всё убра́ла?
Как твои дела?
С утра ты принимала?
А я, на «грудь» взяла.

Выпиваешь так-то?
Винишко под обед?
Не пьёшь? Вот так занятно.
То суета сует.

Так жизнь вот и проходит.
Где «радость бытия»?
А алкоголь заводит.
Ты милая моя.

Винца немного примешь,
И вот … пошло тепло.
Бутылочку обнимешь
И всё заволокло.

И радость, наслаждение
Приходят разом вновь.
Прекрасно ощущение.
Зовётся то - «любовь».

«Любовь» к беспечной жизни,
Проблемы все забудь.
Они плохи, капризны.
Решатся как-нибудь.

А после, ляжешь в ванну.
Вискарь берёшь с собой.
Всё это так забавно.
Шикарнооо. «Боже мой».

А с утра проснёшся,
Налей себе пивка.
Так хорошо напьёшься
И будет жизнь легка.

Я в этом очень опытна
И это - мой «конёк».
Годами отработано.
Проходит враз денёк.

Ну что? Стакан «зарядишь»?
Иль «натощак» пойдёшь?
Волнение утратишь.
Уборка? Уберёшь».

Утя отказалась,
С утра она не пьёт.
С Винной попрощалась.
Пойдёт уж, уберёт.

Но Утя так заметила,
Что Винна с Канной схожи.
Себе она отметила
Лицом они похожи.

Канна, «кошка» с третьего,
И Винна - «близнецы».
Ну что за лихолетья?
И где … искать «концы»?

Глава 63 - Туля

С Тулей познакомилась.
Медсестра она.
И как-то сразу вспомнилась
Стана - красота.

Та лечится в четвёртом,
Моложе хочет стать.
Была такая гордая,
Что то не занимать.

Похожи очень сильно.
Ну прям не отличить.
В одежде обе стильны.
Близняшки может быть?

На вопрос ответила
Туля не тая,
Что это не заметила,
Да и в семье одна.

На работе Туля
Словно топ-модель.
Такая красотуля.
Ну прям «мадмуазель».

Халат у ней короткий
И ноги «без конца».
Походка очень чёткая,
Колготки-кружевца.

Всегда она накрашена,
Причёска хороша.
Одежда вся наглажена
И внешне так свежа.

Вот это в жизни главное
Для Тули. Это да.
Девушка так славная,
В другом у ней беда.

Работать не торопится,
Ей некуда спешить.
Она по жизни модница.
В другом - не убедить.

С Утей говорила,
Про моду, красоту.
Приоритетом было.
Скажу начистоту.

Завтра прям с работы
Пойдёт она на бал.
То жизни - «повороты».
А сейчас ей … на вокзал.

Денег там получит,
Ну прямо целый «воз».
Всё это Миле вручит
И к Стоку, на «допрос».

Глава 64 – История Болта

Сегодня Утя рада,
То видно за версту.
Тот день - её награда!
Опять идёт к Болту.

Причёску долго делала.
Локоны у ней.
Цветочек туда вделала,
Так стала красивей.

Приталенное платьишко,
Подчёркивает всё.
Нагладила. Нет пятнышек.
И грудь как «колесо».

Все части выделяются,
Так женственность видна.
Всё для Болта старается,
Что значит - влюблена.

До этого диета
Была повесткой дня.
Чтоб похудеть, для этого
Не ела, не пилá.

И Утю не узнаешь,
Красавица идет.
Ей счастья пожелаешь.
Она его найдёт.

Где-то отыскала,
Красивое ведро.
На нём нарисовала
Сердечко. Как в «кино».

На швабру прикрепила
Гирлянду из цветов.
Ей это мало было,
Там брызнула духов.

Идёт, благоухает.
Какой прекрасный день!
И в ней «произрастает»
Надежда - как сирень,

Что всё у ней получится
С Болтом счастливой стать.
Проблемы улетучатся.
Какая благодать!

Пришла она. У Болтика.
Вот так его зовёт.
Они почти любовники
И страсть в душе цветёт.

Убра́лась на «отлично»,
Цветочки полила.
Болтают как обычно,
Как день прошёл, дела.

И Болт ей тут поведал
Историю свою.
Она звучит прям бредом.
Её я расскажу:

Однажды приобрёл он
Простой билет в лото.
Сыграл. Сто миллионов.
Был выигрыш за то.

Об этом на лечении
Врачу и рассказал.
У Дока, Аси мнение
Хотят, чтоб им отдал,

Он треть для заведения
И может он идти.
А нет, так заточение.
Другого нет пути.

Но Болт с тем не согласен
И потому сидит.
Сказали: «Болт опасен.
Что псих он и бандит».

И что же теперь делать?
Не знает Болт никак.
Хоть можешь «кукарекать».
Короче, сам «дурак».

Утя понимает,
Что это рэкет так.
Сомнение терзает:
Вот врёт он или как?

… А Болт рукой коснулся,
На руки Утю взял,
Прижал и улыбнулся,
Её поцеловал.

И страсть у них клокочет,
«Люблю», - Болт произнёс.
А дело идёт к ночи,
В кровать её понёс … .

Глава 65 - Песа

Сегодня день уборки.
Идёт она к больной.
Их четверо в «пятёрке»,
А мысли … о другой.

Думает об Асе,
Об этой стерве, да.
Какая же «зараза».
Так Утя назвала.

«Ну всё вот ей неймётся,
Хоть денег в сейфе «воз».
Но на Болте «споткнётся».
Не допущу угроз.

Я им не позволю
Третировать Болта.
Ну что это такое?
Не жизнь, а маета».

… К Пéсе вот заходит,
Лата там сидит.
С Ути глаз не сводит,
Внимательно глядит.

Медсестра, что с первого.
И Утя не поймёт.
Может быть, наверное,
Лата здесь живёт?

Присмотрелась ближе.
Да вроде бы стара.
И ростом как-то выше,
А Лата - молода.

Женщина представилась,
Песою зовут.
У Ути она справилась,
Когда ей отдадут,

Куклу, что забрали,
«Доченьку» её.
Давно то было, в мае.
И вот её «бельё».

Одежду разложила,
Большая так она.
Песа заявила,
На вырост же взяла:

«Подросла уж «доченька»,
Ей будет в самый раз.
Не спала вот ноченьку,
Должны отдать сейчас».

На стене у Песы
Висит большой портрет.
Там Песы обе вместе,
Где старше и где нет.

Вторая молодая.
Как будто Лата там.
Такая вот, двойная,
Загадка докторам.

Утя ей сказала,
Про куклу уточнит.
Внимание оказала.
Вдруг ... Песа закричит:

«Верните срочно дочку.
Кормить её пора.
Я это знаю, точно.
И дайте молока.

Чтоб было не прокисшее,
Хорошее сюда.
И сорта наивысшего.
За дело, господа!»

Глава 66 - Лона

Утя идёт далее,
К следующей больной.
Тут воздух застоялый,
Несвежий он такой.

Зашла. Больной здесь нету.
Проветрила она.
И вдруг из туалета.
Выходит … Во те на.

Это же подруга.
Вара - медсестра.
«Ну, Вара. Ты - хитрюга.
И я скажу - храбра.

Ты же убежала
С Топом «под венец».
Всё расскажи сначала
Об этом наконец».

Женщина смутилась.
Она удивлена:
«Вам это что, приснилось?
Ло́на - звать меня.

Я раньше была блогером,
А здесь теперь лечусь
Персональным доктором
И я … омоложусь.

Как на той картине,
Что в углу стоит.
Там я в двух половинах.
Она меня бодрит.

Молодости это
«Компас» для меня.
Ею я «согрета»
И это - цель моя.

Плачу за то немало
И паспорт отдала,
Чтоб я тут проживала,
Лечение прошла.

Зачем-то карту взяли,
Где деньги я храню.
И ходят с ней к вокзалу.
Вот это не пойму.

Но так, наверное, надо.
Ведь я живу одна.
Хоть может то чревато,
Но то … всё для меня.

Берут оттуда деньги,
Чтобы меня лечить.
А я здесь как в застенке,
Нельзя тут выходить.

Сколь это будет длиться?
Не знают доктора.
Но мне бы «возродиться».
О том мечтаю я.

Я денег заработала,
Что не́ пересчитать.
Живу тут беззаботно.
Ну, что ещё сказать?

Если станет скучно,
Приходи сюда.
Я собственноручно,
Впишу в свой блог тогда,

Что ты - моя подруга.
И станешь ты «звездой».
И если есть? То друга.
И будет тот - «плейбой».

С того вам будет слава
И жизнь пойдёт другой.
Деньги и немало.
А к вам наперебой,

В друзья проситься станут,
Ну все, кому не лень.
Аж в «очередь» к вам встанут.
И жизнь - как «яркий день».

Глава 67 - Нега

Уборка продолжается,
Комната другая.
Заходит. Озирается.
Какая тут больная?

Зашла, а там блондинка.
Спиной она стоит.
Вид сзади - как «тростинка».
Забудь про целлюлит.

К Уте повернулась
И Утя не поймёт.
Неужто обманулась?
То Ася. Во даёт.

Утя так решила
Спросить аж обо всём.
И сразу заявила:
«Речь пойдет о нём.

О Болте с тобою
Хочу поговорить.
Я, Ася, всё раскрою.
Смогу я объяснить,

Что Болт вообще нормальный,
Ни разу не больной.
Спокойный, не скандальный.
Хороший он такой».

-«Секунду, подождите, -
Уте был ответ -
Вы здесь так не шумите.
Такой я дам совет.

К слесарю претензий
Нету у меня.
Хорошую рецензию
Ему могу дать я.

Болт зовут, сказали?
Или как он там?
К тому что рассказали,
Смогу ответить Вам,

Что я его не знаю.
Вы женщина о чём?
И где-то понимаю,
Мы не туда «идём».

Вы тут для уборки?
Ну, тогда вперёд.
А то не будет толка.
Лечение меня ждёт.

Зовут меня все Не́га.
То имя здесь моё.
Я с пятого отсека
И тут моё жильё.

Я так-то бизнес-леди.
Нефть и газ, то да.
Тут странные соседи,
Скажу вам господа».

Утя сбита с толку
И снова не поймёт.
Произвела уборку
И далее идёт.

Комната другая,
Заходит вот туда.
Там встала как «немая»,
Ведь там … она сама.

«Вторая Утя» встала,
Ей руку подаёт:
«Сестра моя, родная.
Настал и твой черёд».

… В глазах всё потемнело,
Сознание ушло.
Утя ослабела.
Упала. Затрясло.

Глава 68 – Картина в комнате

В себя она приходит,
Всё на полу лежит.
Замёрзла, руки сводит.
Поднялась и сидит.

Никого здесь нету.
Она совсем одна.
«Приснилось что ли это?
Да вроде, не спала.

Работаю я много
И стресс опять же есть.
Всё кружится немного.
А что такое здесь?»

Встала, осмотрелась.
Всё тут как везде.
Картина есть. Вгляделась.
Там Ути … сразу две.

Постарше, помоложе.
Обеих их сравни.
Ну очень уж похожи,
Красивые они.

Чья же эта комната?
Ответа не нашла.
В ней обстановка скромная.
Вздохнула и … пошла.

Идёт по коридору,
Там где окон нет.
Голоса тут, споры
И … выключился свет.

«Это Утя снова.
Родная, мы с тобой.
Утя будь готова.
Ты - лучший наш герой!»

Она пошла на ощупь,
Страх «дикий» в ней стоит.
Она идёт, не ропщет.
А сердце так стучит.

Всё разом прекратилось.
И тишина вокруг.
Как будто «испарилось».
Остался лишь испуг.

Свет включился снова.
Одна тут. Никого.
Она стоит багрова.
Вздыхает глубоко.

В истерику впадает.
Разгон. Быстрей бежать.
Ругается. Рыдает.
А после ... хохотать.

Вот комната «родная»
И Утя «спасена».
Зашла. Стоит икает
И видит вдруг она,

Что на стене картина,
Огромная висит.
Две Ути половины.
Ей страшно и … кричит.

Немного успокоилась,
Поближе подошла.
Как та картина «строилась»?
И как произошла?

Понюхала, пощупала
И после поняла,
Что просто перепутала.
«Картина» та, проста.

Она не нарисована,
Большие фото здесь.
И вместе скомпонованы.
То видно. Тут есть срез.

Но это дело техники.
А в чём же в ней секрет?
«Больницы этой пленники», -
Такой дала ответ.

Вокруг здесь все двойные.
Зачем и для чего?
Все на слова скупые.
Сомнение велико.

Глава 69 – Предложение Аси

К Асе пошла Утя,
С ней поговорить.
Может есть минутка
И сможет разъяснить,

Про Болта, картину,
Что у ней висит.
Про Утей, половины.
Пускай все объяснит.

Проходит мимо комнаты,
Где кадровый отдел.
Она людьми заполнена,
У всех полно там дел.

Из комнаты выходит
Девушка одна.
Мимо так проходит.
Кто это? Вот те на.

От Вары есть в ней что-то.
И кто такая тут?
Пришла сюда работать?
И её возьмут?

Кадр, Сток там в комнате.
И слышит разговор:
«Уж очень она скромная.
У нас хоть недобор,

На Лону не похожа,
Что-то в ней не то.
И явно с ней не схожа.
Не наше то «пальто».

Нам нужна как Утя,
Чтоб бойкая была.
Про эту вы забудьте.
Она не подошла».

… Вдруг Утя слышит Асю,
Взади та стоит:
«О, Утя, здравствуй, здравствуй, -
ей Ася говорит, -

Я тебя искала,
А ты сама пришла.
Я всё тут обыскала.
А ты вот здесь. Нашла.

Заходи пожалуйста,
К тебе есть разговор.
Ни на что не жалуйся,
Да и вообще, не спорь».

В комнате тех трое:
Кадр, Ася, Сток.
Молчание «гробовое».
Все ждут. Вот прибыл Док.

Ася начинает
С Утей разговор.
Та молчит, внимает.
Судьбе наперекор.

«Утя, тут такое.
Хотим тебе сказать,
Есть дело, не дурное.
Должна ты понимать.

Ты была проверена.
Берём тебя в «семью».
Тебе хотим доверить мы
Историю одну.

Здесь больные лечатся
И всех уж знаешь ты.
Когда они излечатся,
Не знаем даже мы.

Рассказывают басни:
«Хотят моложе стать».
Те басни громогласны.
Больные, что сказать.

Плату за лечение
Доверяют нам.
За это оформление
Есть доступ к их счетам.

Банк есть на вокзале.
Ходим мы туда.
И чтоб нас не прогнали,
(и так было всегда)

Там паспорт предъявляем.
Тот, что дал больной.
Там смотрят и сличают,
Мол это, кто такой.

Чтоб было эффективно
Набрали персонал,
Похожий - просто дивно.
Он ходит на вокзал.

В банке представляется,
Что паспорт то его.
Так деньги и снимаются,
И это … так легко.

Персонал, с больными
Похожими на них,
Путями запасными
Обходит тех двойных.

Не знают друг о друге
И это хорошо.
Наша то заслуга.
Ну, что сказать ещё?

Чтоб однако видели
Двойников своих.
Картины в их обители,
Повесили для них.

Чтобы понимали,
Как в банке том вести
И запоминали,
Что им произнести.

В банк пойдёшь ты тоже,
Чтоб деньги получить.
На Мутю ты похоже
И вас, не различить.

Ведь ты ещё не знаешь
И я тебя скажу.
Молчать нам обещаешь,
Я в тайну погружу,

Молчать о том, что слышала,
Какие здесь дела.
Да, да ты не ослышалась.
Она - сошла с ума.

В пятом Мутя лечится,
Ты видела вчера.
Надеюсь, что излечится.
Совсем она хвора.

Тебе она сказала,
Что ты её сестра.
А ты … взяла упала,
Но быстро отошла.

В комнате картину
Повесили тебе.
Там Мути половина.
Ну, как она тебе?

Должна вот так ты выглядеть,
Когда ты в банк пойдёшь.
Смотри, ты ей подыгрывай,
Повадки переймёшь.

И ещё хотим мы
Про Болта сказать.
Его ошеломи ты.
Здесь надо поднажать.

Понимать он должен,
Коль денег нам не даст.
То будет так, возможно,
Что станет как «балласт».

Так случится может,
Здесь будет навсегда.
Никто тут не поможет.
Пройдут его года.

Здесь он и состарится,
Свой век тут проведя.
Ему то не понравится.
Но то - его судьба.

Нам должен за лечение.
Не хочет он платить.
Тогда, ужесточение.
Не будем мы шутить.

Деньги сами б сняли,
Но нету двойника.
Мы бы всё отняли,
Скажу наверняка».

Утя поразмыслила.
Кивнула и пошла.
Возражать бессмысленно.
Они - одна «семья»!

Глава 70 – История Мути

Оттуда вышла Утя,
Расстроена она:
«Пойду сейчас я к Муте.
Узнаю, как дела».

… Мутя была в комнате,
Довольна, хороша.
Она такая скромная
И к Уте так нежна.

Бегает и крутится,
И ставит всё на стол.
Такая в общем умница.
Не стол, а «разносол».

Утя в ней не видит,
Что та сошла с ума.
Здраво Мутя мыслит,
Весёлая она.

Утю обнимает
И кормит на «убой».
Нежно так «порхает»,
Прекрасная душой.

Когда они поели,
Решили поболтать.
За стол вот обе сели,
Давай всё обсуждать.

Гладит Уте руку.
В глаза её глядит:
«Тебе скажу подруга,
Тебя то удивит.

Ты мне - сестра родная.
Мне - по отцу сестра.
Родная, дорогая.
Ну как же рада я.

Мне мама рассказала.
То - молодости грех.
Она с Петром гуляла
И был он - лучше всех.

Потом они расстались,
Но появилась я.
И больше не общались,
Не знал он про меня.

Когда узнал, то рад был
И маме помогал.
Мне шоколад дарил.
Меня не забывал.

Своё мне дал он имя.
Я и как ты - Петровна.
С тобой «неотделима» -
Скажу тебе дословно.

Фамилия шикарна.
Да, это так дружок.
Она неординарна.
Я как и ты - Пушок.

Зовусь Пушок я, Мутя,
А отчество Петровна.
А ты - Пушок и Утя,
Звучит всё так достойно.

С другой он познакомился,
Мама то, твоя.
Ну, как это водится.
Возникла так семья.

Потом ты народилась,
На свет явилась ты.
Я за тебя молилась.
С тобою сёстры мы.

А мама замуж вышла,
Богат мужчина был.
И так недавно вышло,
Он в мир иной «отбыл».

Наследство по закону,
Свалилось на меня.
Оно прям миллионное.
Я им поражена.

Ну вот я и решила,
Полечиться здесь.
Моложе стать, красивой.
Скажу тебе, как есть.

Я так-то в состоянии
Всё это оплатить.
Больницы же название
Не должно смутить.

Она не психбольница,
Должна ты это знать.
Сюда идут лечиться,
Чтобы моложе стать.

То больницы этой
Маленький секрет.
Но ты забудь об этом,
Такой я дам совет.

На вывеске указано,
Что психбольница здесь.
В бумагах то показано,
Всё четко, всё как есть.

Психов здесь немного.
Проверке показать.
А с хода «бокового»
И то не доказать,

Богатые здесь лечатся,
Чтобы моложе стать.
Такая круговертица,
Тебе чтоб понимать.

В финансах, по бумагам,
Всё идеально тут.
Больнице же во благо,
Что нал сюда несут.

Для этого и ходят
Все тут на вокзал.
Наличные «молотят»,
Как Док разок сказал.

А цель? О том не знает
Весь младший персонал.
Он то воспринимает,
Как некий «ритуал».

То «ритуал» оплаты,
Такой порядок тут.
Мол это – допзарплата.
Затем туда идут.

А чтобы все молчали,
За это - гонорар.
Ну, чтобы не ворчали.
Большие деньги в дар.

Себе я понимаю,
Снимают больше там.
Я то - не исключаю.
Для всех, «напополам».

За психов же оплата
Проходит через банк.
Идёт та на зарплату.
Всё четко. Вносят в бланк.

Что здесь ты появилась,
Случайность то была.
Я в этом убедилась.
Поверь мне в том, сестра».

Утя и задумалась.
Не знает, что сказать.
Она прям пригорюнилась.
Как это понимать?

И сестра ли, Мутя?
Тоже вот вопрос.
Надеется так Утя,
Что это - всё всерьёз.

Глава 71 - Зак

Утя попрощалась
И в комнату пошла.
Всё странным показалось.
Она удручена.

Сомнения нарастают,
Не знает, что потом.
Разве так бывает?
Всё думает о том.

В комнату заходит,
Расстроена она.
Слышит скрип тут вроде,
Стоит напряжена.

В шкафу её «движение»,
Как будто кто-то там.
Испуг у ней. Волнение.
«Ну я им сейчас задам».

Дверцу открывает
И видит там она,
Там «гном» сидит. Зевает.
Ну вот так и дела.

Это Туз, в дремоте.
«Картёжник»-мужичок.
Как в старом анекдоте,
Там спрятался дружок.

«Туз, ну что случилось?
Зачем ко мне пришёл?
Иль я во сне явилась?
Иль поиграть зашёл?»

Мужичок тот «крякнул»,
Чихнул разок так пять,
Что-то тихо вякнул
И начал вылезать.

Вылез. Отряхнулся.
«Здравствуй», - ей сказал.
Размялся. Потянулся
И тихо прошептал.

«Я - Зак. Моё тут имя.
Техник местный я.
Я в общем «невидимый»,
Но ты, нашла меня.

Я очень извиняюсь,
Что тут в шкафу сидел.
Сказать тебе стесняюсь,
Там душно. Пропотел.

Те фото, что в картине,
Хотел подправить я.
Чтоб были, как едины.
Не ожидал тебя.

Ты пришла пораньше,
А я не смог уйти.
Какие были шансы?
Меня ты, отпусти.

Расскажу тебе я,
Что творится тут.
Скажу, что я содеял.
Непрост «секретный» труд.

Платить мне меньше стали,
Работа хоть важна.
И даже обязали,
«Пахать» здесь дотемна».

- «Говори нормально.
Не «съем» же я тебя.
Хоть ты здесь «нелегально»,
Но вроде мы - «семья».

Зак тут успокоился,
Громче говорит.
Он здесь уже освоился.
Всё Уте сообщит.

Сел на стульчик скромно,
Залез к себе в карман
И как-то так укромно
Бутылочку достал.

Глотков он сделал пару.
Поморщился. Вздохнул.
Пахнуло перегаром.
Штанишки подтянул.

Икал он и рассказывал,
Что творится здесь,
И на руках показывал.
Всех сдал - как это есть.

Утя обомлела,
Услышав тот рассказ.
Спина аж заболела.
И вот он Зака сказ:

«Работаю давненько,
С открытия почти.
И вижу, помаленьку,
Все лгут. Уж ты прости.

Что это психбольница,
Давно уже не так.
Приходят молодиться.
То знаю. Не дурак.

Тут сказочно богатые
Пациенты все.
Они здесь завсегда́таи,
Они - в своей стезе.

Ни «нож» они желают,
Ни ботокс, силикон.
То не воспринимают.
Хотят другой «фасон».

И Док их всех заверил,
Что способ есть другой,
Мол на себе проверил
И стал совсем иной.

Даёт им тут микстуры,
Мол чтобы молодеть.
А эти самодуры,
Давай потом трындеть,

Что «видят» уже молодость,
Ну как «самих себя».
Оправдана та стоимость,
«Кричат» себя хваля.

Микстура ж «необычная»
И проще не найти.
Вода внутри обычная.
Ты разберись. Пойми.

С вареньем мешают
И разное берут.
Вот так и возникают
Микстуры. В общем «труд».

Док суёт им фото,
А их то делал я.
На фото (класс-работа),
Там «молодость видна».

Что тебя касается,
О всём напомню я.
Тебе то вспоминается?
… Всё шло через меня.

Помнишь те картины
У Дока на стене?
Людей там половины.
То поручил он мне.

Всё фото это было,
Их в рамы вделал я.
Для всех то было диво.
Работа та, моя.

Отображения в зеркале,
У Дока, у тебя.
Отлично фото вделано.
Опять же сделал я.

То Сток распорядился,
Такой приказ отдал.
Чтоб «ужас» появился
И страх в тебя вогнал.

Его то всё идея,
Таинственность привлечь.
Да, неплоха затея.
В мистику вовлечь.

Хотел всех контролировать
Сток, не удалось.
Не смог тебя шокировать,
А тут ещё стряслось,

То Болт бежать пытался,
И был за то он бит.
Побег его сорвался,
Сейчас взаперти сидит.

То Топ и Вара вместе
Устроили побег.
Теперь жених с невестой
И счастливы - навек.

Про двойников всё знаешь.
То - весь тут персонал.
И явно понимаешь,
Его функционал.

Про деньги и так далее,
Не стоит объяснять.
Наличные немалые,
Коль так поразмышлять.

Куда идут наличные?
Всё руководству, так.
«Жируют», как обычно.
Ну и другим … «пятак».

А персонал доволен
И значит хорошо.
Деньгами подконтролен.
А надо что ещё?

Больные все здесь старые
И важно - без семьи.
Одни они, безпарные.
Живут как в забытьи.

Счета не контролируют.
Для нас то радость, так.
Нам это импонирует.
Снимать легко. Пустяк.

Про Болта замечу,
Что его «припрут».
Не будет изувечен,
Но деньги отберут.

Один тут выход только:
Коль всё отдал, иди.
А нет? Так будет больно.
И здесь тогда … сиди.

Как будто они банда:
Кадр, Ася, Док.
А самый, самый главный
Здесь конечно – Сток.

Они всё понимают,
Что риск конечно здесь.
Но знают, оправдают.
У них всех справки есть.

Согласно документам:
Психи - все они.
Вот и живут моментом,
Хоть в чём их обвини».

Сказал он Уте это,
Со стула ловко встал.
Уте дал конфету,
Что в шкафу достал.

Откланялся, откашлялся.
«Спасибо», - ей сказал.
Походкой торопящейся,
Он отбыл … на вокзал.

Глава 72 – Решение принято

Она переживает,
Ну вот так и дела.
Всё это возмущает.
К Болту она пошла.

Ему всё рассказала,
Что знает всё, как тут,
И далее сказала,
Его здесь, «упекут».

Долго обсуждали,
Делать что и как.
О будущем мечтали,
Если выйдет так,

Как сейчас решили.
Побег - и все дела!
На том и порешили.
«Гори здесь всё до тла».

… Бежать решили вечером,
Как персонал уйдёт.
Что делать? Всё намечено.
Удача, явно ждёт.

Да и пример имеется,
Как с Варой Топ бежал.
Они на то надеются.
Побега цель - вокзал.

А там вот сядут в поезд,
И всё. Вперёд. Ту-ту.
Пока начнется поиск
Уедут за версту.

Она к себе вернулась,
Чтоб вещи все собрать.
И вдруг … аж содрогнулась,
Ей стали в дверь стучать.

Утя дверь открыла,
Там Роз стоит пред ней:
«Я знаю, ты решила
Бежать. Беги скорей.

А вот на память розы.
С собой ты их возьми.
Колючие. Занозы,
Смотри не зацепи».

Тут-же Хок подходит
И клюшку дарит ей:
«Та клюшка путь проложит.
Ну всё. Беги скорей».

Банк добавил денег,
А Туз ей карты дал.
Тук припёр свой веник,
А Комп - свой комп отдал.

Утя «рот» открыла.
Не может то понять.
Ей тайну приоткрыли,
Мол Зак помог опять.

На видео снимает,
Что творится тут.
И все уже так знают,
Что Утя, Болт сбегут.

Только руководство
Не знает ничего.
Ах ну их, с их господством.
Любовь-то к Уте - всё!

Любовь к ней безгранична,
Ведь так была добра.
Вела себя прилично.
Прям «золото» - она!

Тут бежит с кульками
Бух. И он пришёл.
Со снедью и «хлебами»
Он к Уте подошёл.

«Всё это для побега,
Еде - в дороге быть.
Поскрёб я по «сусекам»,
Не смог тебя забыть».

Пришла прощаться Лата,
Навзрыд она ревёт:
«Какая сегодня дата?
Надеюсь, повезёт».

Винна пришла тоже,
Принесла бутыль:
«Без вина негоже.
Вкусно. Там ваниль».

Мачо припозднился.
Духи ей преподнёс.
За это извинился,
Другого не нашлось.

Стана тут явилась.
Страховку принесла.
Утей восхитилась
И произнесла:

«Страховка всё оплатит,
Затраты и ночлег.
И ещё доплатит,
Как сам прошёл побег».

Стоит здесь тоже Тура:
«Путёвки от меня».
Ревёт, глаза зажмуря.
«То Утя для тебя.

Для тебя и Болтика -
Поездка на моря.
Светить вам будет солнышко.
Бежали вы не зря».

Утя благодарна,
За то, что все пришли.
Она здесь популярна.
Подарки принесли.

Не знает вот однако,
Как пройдёт побег.
Ведь как-то всё двояко.
«Сдадут» её иль нет?

Глава 73 – Страшная ночь

Готово всё к побегу.
Ночь пройдёт. Вперёд.
Такому человеку
Жизнь она спасёт.

С мыслями такими
Утя спать пошла.
Намерения благие.
Уснула. Ночь пришла.

Вдруг … вокруг движение,
Свист и ветра вой.
Различные явления
И слышит бас мужской:

«Ты здесь навеки-вечные,
Ты всем нам тут нужна.
Ведь мы-то не долечены,
Забудь его, «сестра».

И Утя видит в страхе,
Как к ней со всех сторон
Большие черепахи
Ползут. Аж «батальон».

Глаза у них сверкают
И прям «огнём» горят.
Встают. Кровать качают.
Её достать хотят.

Лапы все к ней тянут.
Склизкие они.
Её сейчас достанут.
Ну, как они страшны.

Окно теперь открылось
И прям через него
Толпа людей ввалилась.
… Не знает никого.

Болтают и хохочут,
Идут они к двери.
И странно так лопочут.
Они жильцы Земли?

Вибрируют в пространстве,
Язык их не понять,
Странны те диссонансы.
Их могут изменять.

На Утю «ноль внимания»,
Прошли «через неё».
Лишь ветра колебания
И страха … громадьё.

Проходят все сквозь стены,
Сквозь дверь и туалет.
Те люди здоровенны,
Для них преград здесь нет.

… И всё ушло. Проснулась.
Так это просто сон?
Утя потянулась,
Взяла духов флакон.

Побрызгала повсюду
И запах тот хорош.
«Побег. И всё забуду.
Меня тем, не возьмёшь».

Глава 74 - Побег

Утя подготовилась,
Часа за полтора.
Готова, как условились.
Уже бежать пора.

Стук опять раздался,
Там Зак теперь стоит:
«Я очень волновался.
Как Утя? Не проспит?

Время то настало.
Бежать тебе пора.
Побегов было мало.
Нет худа, без добра.

Хочу я извиниться
За действия свои.
Не буду мелочиться.
Меня ты, извини».

Обнялись на дорожку
И Зак, всплакнув, ушёл.
А Утя понемножку,
Пошла. Тот час пришёл.

Болт уж наготове,
Собрался быстро он.
Бежать они готовы
И вот … берут «разгон».

У Ути в руках клюшка,
А швабра у Болта.
Их, как «колотушки»,
Применят, коль нужда.

Проходят все отсеки,
Один, затем другой.
И как на «дискотеке»
Больные тут гурьбой.

Удачи им желают
И машут дружно вслед.
Плачут и рыдают.
Побег «теплом согрет».

И вот отсеки пройдены.
Остался коридор.
Последний он, особенный,
А дальше, дверь во двор.

Тот коридор, без окон,
Где часто голоса.
Вдруг ... слышат голос Стока:
«Вы собрались куда?

Стоять. Довольно это.
Выхода там нет.
Прислушайтесь к совету.
Дороги нет. Запрет.

Бросайте ваши палки
И в комнаты назад.
Сейчас включу мигалку.
Произойдёт захват».

Путь впереди прикрыли:
Кадр, Молот, Док.
А ход назад закрыли:
Ася, Крол и Сток.

Зажали в коридоре
Их со всех сторон.
Обидно аж до боли.
Побег их … обречён.

Утя закричала:
«Болта я не отдам.
Попробуйте сначала
Нас взять. Я вам задам.

Спиной друг к другу встали:
Утя, Болт. Стоят.
«Оружие» достали.
Друг друга защитят.

Они на всё готовы
И биться до конца.
Хоть лица и суровы,
Но их «горят» сердца.

Утя клюшку держит,
(Швабра у Болта).
Решительна. Есть «стержень».
Хоть здесь и теснота.

С двух сторон напали.
Удары, вопли, визг.
Бились, как в «угаре».
И вдруг … сирены писк.

Полиция ворвалась,
Хватает всех подряд.
Что тут разыгралось …
Арестом всем грозят.

Ася им сказала,
Что это был побег.
На Утю показала.
… Эх, горе-человек.

Полиция наручники
На Утю и Болта.
Сковала как сподручников.
«Разбиты» их сердца.

Стоят они «окованы».
Закончился скандал.
«Вы оба арестованы», -
то им так Сток сказал.

Утя повернулась
К Болту. И ближе он.
Губами потянулась
И «стрельнул» купидон.

Тот поцелуй надежды,
Что в каждом в нас живёт.
И только лишь невежда,
Это не поймёт.

Замерли все разом
И смотрят открыв «рот».
На поцелуй в экстазе.
Вот так, любовь живёт!

Глава 75 - Развязка

Утя, Болт прощаются.
Другие все стоят.
Ими восхищаются
И их «боготворят».

Любви такая сила
И нету ей преград.
Тут …. Ася заявила:
«Довольно, клоунад.

Навеки здесь останетесь.
Мы будем вас лечить.
Ну а сейчас расстанетесь,
Хочу вам пояснить».

Их взяли в коридоре
И увести хотят.
Но … слышен гул тут вроде
И лампы вдруг горят.

Стена пришла в движение,
Наверх пошла она.
Вот это наваждение?
Что это за дела?

Стена поднялась полностью
И яркий свет за ней.
Там зал, людьми заполненный,
Все рукоплещут ей:

«Утя. Супер. Браво.
Утя - наш герой!»
- «Что же это, право?
Театр? Боже мой!»

Персонал, больные,
На сцену все идут.
Движения круговые.
Подняли и несут,

Несут её на сцену,
Поднялся полный зал.
Сток преклонив колени
Ей почести воздал.

Наручники снимают
С Ути и с Болта.
Все их поздравляют.
«Как классно. Красота!»

Аплодисментов масса.
«Браво. Бис», - кричат.
Эмоций много, Счастье.
Автограф все хотят.

Цветы к ногам кидают.
Движение. Суета.
Все Утю поздравляют,
А та … стоит «нема».

В себя она приходит.
В шоке и молчит.
Сказать, что не находит,
Плачет аж навзрыд.

Сток обратился к залу:
«Спасибо», - всем сказал.
И засмеясь добавил:
«Идите на вокзал».

Обнял он Утю крепко,
Аж много, много раз.
Одел театра кепку
И начал свой рассказ:

«Спасибо, мой Утёнок,
От всех и от меня.
Ты - добрый наш «котёнок».
Хорошая моя.

Извини, коль можешь,
То было не со зла.
Понять меня ты сможешь,
Нас привела нужда,

Сыграть такой спектакль.
Я - главный режиссёр.
И я же не «Геракл»,
Я прост и не хитёр.

Больницы этой здание,
Двойное, ты пойми.
Оно конечно странное.
Мы тут - как две семьи.

Спереди - больница,
Театр - позади.
Стена, была граница.
А по бокам, склады.

Театр захолустный,
Никто к нам не ходил.
Уходит то искусство.
И вот я предложил,

Сыграть такую пьесу,
Чтоб сутки напролёт.
Ну просто, с интересу
И зритель мож пойдёт.

Близнецы – артисты.
Работать всяк готов.
Их много. Все статисты.
В «Театре близнецов».

В спектакле они в гриме,
Он старость предава́л.
Грим делал возрастными.
Тебя порой пугал.

Есть «близнецы» непарные.
Это - Болт и я.
Все остальные «парные».
Но все - одна «семья».

Искали героиню
И мы тебя нашли.
Вы с Мутей «половины»
И вправду - сёстры вы.

Она то рассказала
И рада так она.
Тебя всю жизнь искала
И тут тебя нашла.

Стена была прозрачная
С обратной стороны.
Внутри - немного мрачная,
Ну это знаешь ты.

Зрители оттуда,
Смотрели все на нас.
А ты порой, «зануда»,
Бежала их боясь.

Голоса ты слышала
И страх в тебе «стоял».
Вот так всё это вышло.
Был долгий сериал.

Известная ты стала,
Все ходят на «тебя».
И время вот настало,
Того хочу и я,

Чтоб стала ты актрисой
В театре нашем здесь.
Уж договор написан.
Скажу тебе как есть.

Подумай, соглашайся,
Ведь ты уже «звезда».
Играй себя, не майся.
Ведь в этом «соль» твоя.

Мы знамениты стали.
Тебя благодарим.
А ты - на «пьедестале».
С тобою быть хотим!»

А Утя ... повернулась
К Болту она идёт.
Встала. Ухмыльнулась.
Вопрос свой задаёт:

«Так ты со мной игрался?
Ничего мне не сказал.
В любви мне признавался.
А то был - сериал».

Села Утя на пол
И слёзы в «три ручья»:
«Везде меня ты «лапал».
Кому теперь нужна?»

- «Ты мне нужна, малышка.
Я так тебя люблю.
С тобой стал, как мальчишка.
Я правду говорю.

Любовь та – настоящая.
Тебя заверю я.
Без лжи она. Свербящая.
Навеки ты - моя!

Я, уйду с театра,
С тобой чтоб навсегда.
Моя ты - «Клеопатра»!
И твой - навеки я!»

Вот так ей Болт ответил,
К груди её прижал.
Он даже не заметил,
Как Сток всем знак подал,

Оставить их обоих,
Ведь в них любовь живёт.
«Не надо беспокоить.
Театр - подождёт!»

Глава 76 - Послесловие

История закончилась.
Я всё в ней рассказал.
А как же жизнь продолжилась,
Героев? Не сказал.

Хотите знать конечно,
Как жизнь потом пошла?
«Спокойно и беспечно», -
Отвечу кратко я.

Немного замечаний
Я здесь упомяну.
Добавлю где-то знаний.
Вот так я вам скажу.

Сток с Асей поженились
И дружно так живут.
Сердца соединились.
В театр всех зовут.

Вместе там работают.
Сток дальше - режиссёр.
А Ася там с отчётами,
Как ассистент, актёр.

Топ и Вара также
Создали семью.
В театре - на монта́же.
Для прессы - интервью.

Док сошёлся с Милой.
И у них семья.
Детки есть. Красивы.
То радость бытия.

Другие же артисты
В театре тоже там.
В нём они статисты.
Как прежде, по местам.

Театр тот прославился:
«Театр близнецов».
Актёр один прибавился.
... Добавлю пару слов.

Утя согласилась,
Актрисой тоже стать.
Талантом проявилась
И как давай играть.

Роли, только первые.
В них Утя - доброта.
Она игрой одержана.
Любимица, «звезда».

На «личном» всё отлично.
Замужем она.
Болт предложил публично
Пред зрителями, да.

Все рукоплескали.
Там слёзы пролила.
Зрители аж встали
И выпили «до дна».

Ребёнок народился,
Девочка у них.
И случай повторился.
Здесь нет неразберих.

Назвали Утей тоже,
А Болт то был … Петром.
На мать она похожа.
Петровна так притом.

Ведь Болт - он был в больнице,
А в жизни Пётр он.
Хочу я поясниться,
Не звать его Болтом.

Купили они ферму,
Утяток завели.
И словно по системе,
Назвали их они,

Так как звать артистов:
Ася, Вара, Док ...
Есть «повар», «футболисты».
Утёнок старший - Сток!

… Ну вот уже и вроде
Я всё вам рассказал.
А силы «на исходе».
Пойду я … на «вокзал».

Куплю билет, поеду
Я в отпуск на «моря».
Скажу «Пока» соседям.
Работал же не зря.

Тебя же, мой читатель,
Прошу мне дать ответ.
Хорош ли был писатель?
Хотел бы я совет.

Как сей роман, понравился?
Читается легко?
А если - нет - исправимся.
Ценю то высоко.

Спасибо же, читатель,
Что книгу ты прочёл.
А я - её создатель -
Надеюсь, всё учёл.

КОНЕЦ

Дорогие друзья!

Если вас интересует моё творчество, то Вы можете приобрести также и мою другую детскую книгу: «Сказки для детей».

Это книга состоит из 2 сказок в стихах для детей 6 – 12 лет. Они учат детей добру, справедливости, взаимопомощи, а также любви к природе и животным.

Приобрести её Вы можете во всех книжных магазинах Германии, а также в интернет-магазинах: Amazon, Hugendubel, Thalia, Bücher.de и в других. Укажите в интернете (или назовите в книжном магазине) для этого просто её номер ISBN:

978-3-98527-722-3

Дорогие друзья!

Эта книга называется «Сказки для взрослых о царе Загуле».
Эта книга именно для взрослых, не для детей.
В ней 2 сказки: «Ура! Отпуск! Море!» и «Наследник и женщины царя Загула».
Эти сказки для взрослых, в стихах, написаны современным, молодёжным языком нашего времени и, иногда, сленгом, который соответствуют восприятию взрослого человека.

Эту книгу Вы можете приобрести во всех книжных магазинах Германии, а также в интернет-магазинах: Amazon, Hugendubel, Thalia, Bücher.de и в других. Укажите в интернете (или назовите в книжном магазине) для этого просто её номер ISBN:

978-3-98527-809-1

Дорогие друзья!

Это книга для маленьких деток. Вы часто сталкиваетесь при воспитании Ваших детей и внуков с их вопросами о различных предметах, животных, погодных условиях и так далее. Они Вас постоянно об этом спрашивают и хотят знать: Что? Кто? Почему?

Я постарался в этой книге помочь Вам ответить на самые употребляемые из них, коротко и в стихотворной форме.

Здесь Вы найдёте 100 стихов-ответов на такие вопросы.

Эту книгу Вы можете также приобрести во всех книжных магазинах Германии, а также в интернет-магазинах: Amazon, Hugendubel, Thalia, Bücher.de и в других. Укажите в интернете (или назовите в книжном магазине) для этого просто её номер ISBN:

978-3-98527-889-3